Scheitern ist weder gefährlich noch eine Schande – es nicht versucht zu haben, ist beides

Reshma Saujani kandidierte 2010 für einen Platz im US-Kongress. Schon lange hatte sie sich gewünscht, ein politisches Amt zu bekleiden, jedoch nie den Mut aufgebracht, sich zur Wahl zu stellen. Dann wagte sie den Schritt und scheiterte. Ihre Kandidatur endete in einer grandiosen Niederlage – und mit einer kathartischen Erfahrung: Egal wie peinlich und unangenehm ihr Scheitern war, sie versank nicht im Erdboden, das Leben ging weiter. Seit ihrer Kindheit hatte sie nichts anderes getan, als Risiken zu vermeiden. Nun wurde ihr klar, wie sehr sie diese Angst ihr Leben lang eingeschränkt hatte und wie typisch ihre Vermeidungstaktik für Frauen war. Deshalb möchte sie mit diesem Buch allen Frauen Mut machen, die Angst vor dem Scheitern zu überwinden.

»Dieses Buch ist befreiend – es entlarvt die Perfektionskultur und wird Sie inspirieren, experimentierfreudiger und mutiger zu leben.«
ANNIE AUERBACH

Reshma Saujani war die erste indisch-amerikanische Frau, die für den US-Kongress kandidierte. Sie ist die Autorin des New-York-Times-Bestsellers ›Girls Who Code‹. Auch ihr Buch ›Mutig, nicht perfekt‹, zu dessen Thema sie einen TED-Talk hielt, wurde in den USA ein Bestseller. Reshma Saujani lebt mit ihrem Mann und ihrem Sohn in New York.

Reshma Saujani

Mutig, nicht perfekt

Warum Jungen scheitern dürfen und Mädchen alles richtig machen müssen

Aus dem Englischen
von Susanne Rudloff

DUMONT

November 2021
DuMont Buchverlag, Köln
Alle Rechte vorbehalten
Copyright © Reshma Saujani 2019
Die amerikanische Originalausgabe erschien 2019 unter dem Titel Brave Not
Perfect. Fear Less, Fail More, and Live Bolder bei Currency, einem Imprint der
Crown Publishing Group, Penguin Random House LLC, New York.
© 2020 für die deutsche Ausgabe: DuMont Buchverlag, Köln
Übersetzung: Susanne Rudloff
Redaktion: Ulrike Ostermeyer, Berlin
Umschlaggestaltung: Lübbeke Naumann Thoben, Köln
Satz: Fagott, Ffm
Gesetzt aus der Dante und der Neutra Display
Druck und Verarbeitung: GGP Media GmbH, Pößneck
Gedruckt auf säurefreiem und chlorfrei gebleichtem Papier
Printed in Germany
ISBN 978-3-8321-6613-7

www.dumont-buchverlag.de

Für all die »perfekten« Mädchen und Frauen:
Ihr seid mutiger, als ihr glaubt.

Inhalt

Einleitung

9

Erster Teil
Wie Mädchen Perfektionismus antrainiert wird

1 Sugar and Spice and Everything Nice – brave kleine Mädchen

25

2 Der Perfektionskult

53

3 Perfektion 3.0: Wenn das Perfect Girl erwachsen wird

67

Zweiter Teil
Brave is the New Black – Mut ist angesagt

4 Eine neue Definition von Mut

105

5 Warum sollten wir mutig sein?

123

Dritter Teil
Abschied vom Perfect Girl – der Weg zu mehr Mut

6 Mut als Denkmuster
131

7 Hauptsache, Sie versuchen es!
149

8 Schluss mit dem Bedürfnis, anderen zu gefallen
169

9 Jetzt ist das Mut-Team dran
185

10 Wie man eine dicke, fette Niederlage überlebt
195

Dank
207

Quellen
211

Diskussionsvorschläge
219

Einleitung

Das Undenkbare wagen

Im Jahr 2010 tat ich etwas eigentlich Undenkbares. Im Alter von dreiunddreißig Jahren kandidierte ich für den US-amerikanischen Kongress, ohne je vorher ein gewähltes Amt innegehabt zu haben. Obwohl ich schon mit dreizehn davon geträumt hatte, in die Politik zu gehen und echte Veränderungen zu erreichen, hatte ich mich bis dahin immer von Politik ferngehalten. Ich hatte einen äußerst anstrengenden Job in einer großen Investmentfirma, hoch dotiert und sehr prestigeträchtig, den ich verabscheute und nur deshalb nicht kündigte, weil ich glaubte, bestimmten Erwartungen entsprechen zu müssen. Abends und wann immer ich am Wochenende Zeit fand, arbeitete ich als Fundraiser und Organisatorin; das war sinnvoll, und ich konnte etwas damit bewegen, aber tief in meinem Herzen wollte ich mehr Einfluss nehmen können und Größeres erreichen. In meinem Job wurde ich von Tag zu Tag unglücklicher und verzweifelter, und irgendwann war mir klar, dass sich sofort etwas ändern musste.

In den politischen Kreisen New Yorks munkelte man, dass die amtierende Kongressabgeordnete nach achtzehn Jahren ihr Amt niederlegen und für den Senat kandidieren würde. Das war meine Chance. Ich traf mich mit ein paar einflussreichen Leuten, fragte sie nach ihrer Meinung, und sie alle ermunterten mich begeistert, es zu versuchen. Ich wusste, wie man Gelder beschafft, ich hatte ein gutes politisches Konzept, und mein biografischer Hintergrund war interessant. Zwar hatte ich keine eigene Erfahrung mit politischen Ämtern, aber alles andere war da. Zum ersten Mal seit ewiger Zeit brannte ich wieder für etwas. Endlich war es so weit, ich lebte meinen Traum, ich war nicht mehr aufzuhalten.

Und dann beschloss die Kongressabgeordnete, ihren Sitz doch nicht aufzugeben, was bedeutete, dass ich gegen sie kandidieren musste, wenn ich das Amt wollte. Und all die Menschen, die mich vorher unterstützt und ermuntert hatten, erklärten nun, mein Vorhaben sei zum Scheitern verurteilt. Die Gegenkandidatin war eine gestandene Politikerin mit Einfluss und Macht, und nach Ansicht der Leute hatte ich nicht die geringste Chance gegen sie. Ich verlor nicht nur die Unterstützung der weiblichen Parteielite – mehr noch, man teilte mir unverblümt mit, ich sei nicht an der Reihe und solle mich wieder zurückziehen.

Aber zu diesem Zeitpunkt war ich bereits viel zu sehr involviert, um aufzugeben. Das Amt schien mir zum Greifen nah. Ich *wollte* es viel zu sehr, um einen Rückzieher zu machen. Sie können mir glauben, immer wieder dachte ich: *Ich bin doch wahnsinnig.* Und dennoch blieb ich dran. Ich wusste einfach, ich würde es für den Rest meines Lebens bereuen, wenn ich diese Chance nicht ergriffe.

Überraschenderweise – und außer mir waren noch eine Menge anderer Leute erstaunt – bekam mein Wahlkampf viel Aufmerksamkeit. Ich war eine junge Aufsteigerin mit südasiatischen Wurzeln, ohne Erfahrung mit öffentlichen Ämtern, aber die Menschen hörten mir zu, und die Wahlkampfspenden flossen. Selbst der *New York Observer* und die *Daily News* waren mir wohlgesonnen. Aus zaghafter Hoffnung wurde Siegesgewissheit, nachdem auf den Titelseiten dieser überregionalen Tageszeitungen über mich berichtet worden war und der Nachrichtensender CNBC meinen Wahlkampf zum spannendsten des Landes erklärt hatte.

Aber als es ernst wurde, zeigte sich, dass die Wähler*innen an meiner fehlenden Erfahrung doch mehr Anstoß nahmen als erwartet. Ich verlor nicht nur, sondern ich wurde vernichtend geschlagen, mit 19 Prozent der Stimmen gegenüber den 81 Prozent meiner Gegenkandidatin.

Bemerkenswert an dieser Geschichte ist nicht, dass ich für den Kongress kandidierte. Oder wie vernichtend und spektakulär ich schließlich verlor, nicht einmal wie ich mich nach dieser öffentlichen und demütigenden Niederlage wieder aufrappelte. Was diese Geschichte erzählenswert macht, ist die Tatsache, dass ich im Alter von dreiunddreißig Jahren mit meiner Kandidatur für ein öffentliches Amt tatsächlich zum ersten Mal in meinem ganzen Erwachsenenleben etwas wirklich Mutiges getan hatte.

Wer meinen Werdegang bis zu diesem Zeitpunkt anschaute – Yale Law School, danach eine Reihe prestigeträchtiger Jobs in großen Unternehmen –, hielt mich wahrscheinlich für eine unerschrockene Karrierefrau. Aber Karriere zu machen bedeutet nicht notwendigerweise, dass man auch unerschrocken ist. Mich trieb der Wunsch nach einem perfekten Lebenslauf auf die Yale Law School (trotz sage und schreibe dreier Ablehnungen), nicht etwa mein Mut. Es waren weder eine echte Leidenschaft für Jura oder für das Big Business, was mich motiviert hatte, einen Job bei einer der erfolgreichsten Anwaltskanzleien und später in einer der führenden Firmen für Vermögensverwaltung anzustreben. Ich tat es meinem einst aus Indien eingewanderten Vater zuliebe, um die Träume, die er für mich hatte, zu erfüllen. Schon als kleines Mädchen wollte ich immer die Beste sein. Was ich auch tat, es ging mir immer darum, klug und kompetent zu wirken und auf diese Weise Jobs zu bekommen, die mich ebenfalls klug und kompetent erscheinen ließen. Jedes Mal entschied ich mich wieder für einen weiteren Schritt in Richtung »perfektes Ich«, weil ich glaubte, auf diese Weise auch mein Leben zu perfektionieren.

Vielleicht sieht es von außen betrachtet anders aus, aber bis dahin war keine meiner Lebensentscheidungen wirklich mutig gewesen, und zwar deshalb, weil nie wirklich etwas auf dem Spiel gestanden hatte.

Doch jetzt verließ ich zum ersten Mal in meinem Leben den vorgezeichneten Weg, um etwas zu tun, was mir persönlich wirklich wichtig war. Zum allerersten Mal hatte ich ein Ziel vor Augen, von dem ich nicht 100 Prozent sicher war, dass ich es erreichen würde. Die Gefahr bestand, dass ich, falls ich scheiterte, weit mehr verlieren würde als nur eine Wahl. Mein Ansehen, mein Ruf standen auf dem Spiel – und mein Selbstvertrauen. Das hier könnte mir einen richtigen Schlag versetzen. Würde ich mich davon je wieder erholen?

Nicht nur ich habe mein Erwachsenenleben damit verbracht, mich nur um solche Aufträge zu bemühen oder solche Positionen anzustreben, von denen ich wusste, dass ich sie problemlos meistern würde. Die meisten Frauen stellen sich nur Aufgaben, von denen sie sicher wissen, dass sie sie bewältigen werden, und wagen sich nur selten ins Ungewisse. Das höre ich wieder und wieder von Frauen, denen ich auf meinen Reisen durchs Land begegne, egal welcher ethnischen Gruppe sie angehören, wie alt sie sind oder welchen finanziellen Hintergrund sie haben. Da war die vierundzwanzigjährige Hundebetreuerin, mit der ich bei Starbucks ins Gespräch kam, die eine großartige Idee hatte, um ihren Service völlig umzukrempeln. Doch sie ließ es bleiben, weil sie sich nicht vorstellen konnte, das hinzukriegen, sie habe »es nicht so mit Zahlen«. Oder die achtundfünfzigjährige Zeitungsredakteurin, neben der ich bei einer Benefizveranstaltung saß, die mir erzählte, dass sie völlig ausgebrannt und unglücklich sei, aber ihren Job nicht aufgeben wolle, obwohl sie es sich finanziell erlauben könne. Warum nicht? Sie zuckte mit den Achseln: »Weil es das ist, worin ich gut bin.« Das gleiche Verhaltensmuster beobachte ich auch als Geschäftsführerin der gemeinnützigen Organisation Girls Who Code (GWC; dt.: Mädchen, die programmieren) bei unseren jungen weiblichen Angestellten, die sich nicht für Projekte in Bereichen melden, in denen sie noch keine Erfahrungen gesammelt haben, während die Männer, ohne zu zögern, unbekanntes Terrain betreten und sich keinen Deut darum scheren, dass sie versagen oder sich lächerlich machen könnten.

Es gibt einen Grund, dass wir Frauen uns so fühlen und uns so verhalten. Und er hat nichts mit Biologie zu tun, sondern ausschließlich mit unserer Konditionierung. Mädchen werden von klein auf dazu erzogen, keine Risiken einzugehen. Wir sollen zur Freude unserer Eltern und Lehrer nach Bestnoten streben. Am Klettergerüst sollen wir uns nicht zu hoch hinaufwagen, weil wir sonst fallen und uns wehtun könnten. Wir sollen still sitzen und artig sein, hübsch aussehen, liebenswürdig und beliebt sein. Es ist durchaus gut gemeint, wenn Eltern und Lehrer*innen unsere Interessen so lenken, dass wir glänzen können, und wenn sie uns von Aktivitäten fernhalten, die uns nicht so liegen. Sie wollen uns Enttäuschungen und mittelmäßige Noten ersparen. Meist geschieht das in bester Absicht. Niemand will, dass sich die eigene Tochter verletzt, dass sie enttäuscht wird oder entmutigt. Eine Luftpolsterfolie aus Liebe und Fürsorge umschließt uns wie ein Kokon. Daher merkt auch niemand, dass wir auf diese Weise nicht lernen, Risiken einzugehen und später im Leben unsere Träume zu verfolgen.

Jungen dagegen bekommen etwas ganz anderes beigebracht. Sie sollen Dinge erforschen, richtig rangehen, hoch schaukeln und sich an der Kletterwand bis ganz nach oben trauen – und sie dürfen ruhig auch einmal herunterfallen. Sie werden dazu ermutigt, Neues zu wagen, Geräte und Werkzeuge auszuprobieren und nach einer Niederlage einfach wieder aufzustehen und weiterzumachen. Von klein auf lernen Jungen, Risiken einzugehen. Untersuchungen belegen, dass ihnen mehr Freiheit gelassen wird, um Dinge auszuprobieren, und dass sie – mit deutlich weniger Vorgaben und Hilfestellung durch die Eltern – zu riskanteren körperlichen Aktivitäten ermuntert werden. Wenn Jungen dann im Teenageralter jemanden um ein Date bitten oder als junge Erwachsene über eine Gehaltserhöhung verhandeln, sind sie bereits regelrecht darin geübt, ein Risiko nach dem anderen einzugehen – und meistens durch Niederlagen nicht zu beeindrucken. Anders als Mädchen erfahren sie Zustimmung und Lob für die Wagnisse, denen sie sich stellen, egal wie sie ausgehen.

Anders gesagt, man erzieht Jungen dazu, *mutig* zu sein, und Mädchen dazu, *perfekt* zu sein.

Weil wir von Kindesbeinen an für Perfektion belohnt werden, werden wir zu Frauen, die Angst vorm Scheitern haben. Wir gehen weder beruflich noch privat Risiken ein, denn wir haben Angst vor Verurteilung, Blamage, Rufschädigung, Ausgrenzung oder Entlassung. Die Angst vor Schmerz und Scham führt dazu, dass wir uns bewusst und unbewusst nicht erlauben, etwas Neues auszuprobieren, es sei denn, wir sind uns sicher, dass wir es perfekt umsetzen. Wir stellen uns nur Aufgaben, von denen wir sicher wissen, dass wir sie erfüllen oder die in uns gesetzten Erwartungen sogar übertreffen können.

Männer dagegen springen in unbekannte Gewässer – mit deutlich weniger Zögern und Furcht vor dem, was passieren könnte, wenn es schiefgeht. Paradebeispiel: die inzwischen recht berühmte Untersuchung, die feststellte, dass Männer sich bereits auf Jobs bewerben, wenn sie über lediglich 60 Prozent der erwarteten Qualifikationen verfügen, Frauen dagegen bewerben sich erst, wenn sie nahezu 100 Prozent erfüllen. Unser Perfektionsanspruch greift schon, bevor wir eine Sache überhaupt ausprobieren.

Dieses Bedürfnis, perfekt sein zu müssen, bremst uns auf vielerlei Art und Weise aus. In unserem Innersten wissen wir, dass es falsch ist, aber wir halten uns mit unserer Meinung zurück, weil wir nicht für penetrant, zickig oder auch nur unsympathisch gehalten werden wollen. Äußern wir uns doch einmal kritisch, dann zerbrechen wir uns vorher den Kopf und überlegen genau, was wir sagen, um das richtige Maß an Bestimmtheit zu treffen, ohne dabei rechthaberisch oder aggressiv zu wirken. Fast wie besessen analysieren wir, überlegen, diskutieren und wägen jede noch so kleine Facette unserer Entscheidung ab. Und machen wir dann doch einen Fehler – was der Himmel verhüten möge –, fühlt es sich an wie ein Weltuntergang.

Doch wenn wir uns aus Angst zurücknehmen, weil es sein könnte, dass wir nicht gut genug sind oder dass man uns abweist, dann begraben wir unsere Träume und engen unsere Welt ein – und verspielen viele Chancen auf Erfüllung und Glück. Wie oft haben wir Gelegenheiten verstreichen lassen, uns gegen neue Erfahrungen entschieden, weil wir Angst hatten? Wie viele großartige Ideen haben wir ziehen lassen, von wie vielen persönlichen Zielen haben wir uns verabschiedet, weil wir Angst hatten, es nicht gut hinzukriegen? Wie oft haben wir eine Führungsposition abgelehnt, weil wir dachten: »Das kann ich einfach nicht gut genug.« Meiner Meinung nach ist diese »Perfekt oder gar nicht«-Haltung zu großen Teilen mit dafür verantwortlich, dass Frauen auf Vorstandsebenen, in Sitzungsräumen und in Plenarsälen unterrepräsentiert sind – und das eigentlich fast überall auf der Welt.

Auch unser Wohlbefinden leidet durch unseren Perfektionsdrang, denn das Grübeln über kleinste Fehler und die Sorge, dass etwas, das wir gesagt oder getan haben, jemand anderen verärgert haben könnte, beschert uns schlaflose Nächte. Wir sind dazu erzogen, hilfsbereit und zuvorkommend zu sein, und deshalb geben wir alles und enden erschöpft, ausgelaugt, werden manchmal sogar krank, weil wir so viel von unserer Energie und Zeit für andere verwenden.

Auch unsere Selbstachtung leidet, wenn wir den Mund nicht aufmachen, obwohl wir wissen, dass es richtig wäre, oder wenn wir Ja sagen, obwohl wir eigentlich Nein hätten sagen wollen. Und das alles aus Angst, nicht gemocht zu werden. Unsere Seele und unsere Beziehungen nehmen Schaden hinter der strahlenden Fassade aus Perfektion: Sie mag verhindern, dass andere unsere Fehler und Schwächen erkennen, aber sie trennt uns von den Menschen, die wir lieben, und sie macht entscheidende und wahrhaftige Beziehungen unmöglich.

Stellen Sie sich ein Leben ohne Versagensängste und ohne Erwartungsdruck vor. Wenn Sie keine Gedanken unterdrücken und das, was Sie wirklich sagen wollen, nicht herunterschlucken müssten, nur um anderen zu gefallen oder sie zufriedenzustellen. Wenn Sie mit sich selber nicht wegen irgendwelcher völlig menschlicher Fehler gnadenlos ins Gericht gehen müssten, wenn Sie keine Schuldgefühle hätten und nicht diesen die Luft abschnürenden Druck fühlten, perfekt sein zu müssen – wenn Sie einfach nur *atmen* könnten. Wie wäre es, wenn Sie bei jeder anstehenden Entscheidung die mutige Option wählen oder sich für den gewagteren Weg entscheiden würden? Wären Sie glücklicher? Könnten Sie Dinge erreichen, von denen Sie bisher nur geträumt haben? Ich glaube, die Antwort auf beide Fragen lautet: Ja.

Ich habe *Mutig, nicht perfekt* geschrieben, weil mich mein Streben nach Perfektion viel zu viele Jahre ausgebremst hat. Mit dreiunddreißig Jahren traf ich erstmals eine mutige berufliche Entscheidung, und dadurch lernte ich, auch in meinem Privatleben mutig zu sein. Seitdem trainiere ich meinen Mut-Muskel jeden Tag. Leicht war es nicht, sich nach drei niederschmetternden Fehlgeburten für eine künstliche Befruchtung zu entscheiden, oder ein IT-Start-up zu gründen, ohne irgendeine Ahnung vom Programmieren zu haben (oder auch nur von Start-ups). Aber weil ich diese Dinge getan habe, bin ich heute die überglückliche Mutter eines kleinen Jungen und kann in dieser Welt etwas bewegen, so wie ich es mir immer gewünscht habe.

Wenn wir dieses anstrengende Bedürfnis nach Perfektion aufgeben – oder genauer gesagt, wenn wir uns von der Angst frei machen, *nicht* perfekt zu sein –, erwarten uns Freiheit und Glück, und unser Leben wird reicher. Wir sollten nicht länger schon vor dem ersten Versuch aufgeben. Denn wenn wir nichts von dem ausprobieren, was uns herausfordernd erscheint oder schwerfällt, erstarren wir in Unzufriedenheit, und das macht uns kaputt. Wir halten an schmerzhaften Beziehungen fest, lassen zu, dass andere uns abwerten, und bleiben in Jobs, die uns unglücklich machen. Wir lassen unsere guten Ideen verkümmern oder, schlimmer noch, wir sehen voller Schrecken dabei zu, wie andere genau das erreichen, was wir selber hätten verfolgen sollen. Weil wir Angst haben, etwas Neues auszuprobieren oder einfach das zu verlangen, was wir haben wollen; weil wir Angst haben, Fehler zu machen und, ja, auch manchmal Angst, uns lächerlich zu machen: Aus Angst verwerfen wir unsere brillanten Ideen, verdrängen wir unsere Träume, und ein Leben lang begleitet uns ein Gefühl des Bedauerns.

Wenn Perfektion unser Maßstab ist, dann wird es für uns niemals »Erfolg« geben können, denn dann wird nichts, was wir tun, jemals ausreichen.

Was wäre, wenn wir sagten: *Scheiß drauf! Ich sag' jetzt einfach, was ich denke, auch wenn es denen nicht gefällt.* Oder: *Ich bewerbe mich für die Stelle, die mir zu anspruchsvoll vorkommt.* Oder: *Ich verändere jetzt mein Leben, so wie ich es mir immer erträumt habe, ohne mir Sorgen zu machen, was danach kommt.* Wie sähe unser Leben dann aus?

Die Angst vor Unvollkommenheit loszulassen, ist leichter, als Sie denken. Eigentlich müssen Sie nur Ihren Mut-Muskel trainieren – und jedes Mal wächst er ein kleines bisschen mehr. Darum geht es in diesem Buch. Es zeigt, wie wir einst darauf konditioniert wurden, nach Perfektion zu streben und Niederlagen um jeden Preis zu vermeiden, und wie diese Konditionierung aus unserer Kindheit bis heute unser Leben bestimmt. Vor allem aber geht es um eine Gegenkonditionierung. Wenn wir unseren Perfektionsdrang loslassen und uns darin üben, mutig zu sein, kann jede von uns ihre eigene Version des Undenkbaren leben. Dafür ist es nie zu spät.

Warum ich?

Wie wurde aus der gescheiterten Kongress-Kandidatin eine Aktivistin für Frauen und für Unerschrockenheit?

Nachdem ich mich von meiner vernichtenden Niederlage erholt hatte, atmete ich einmal tief durch und fragte mich: *Und was jetzt?* Ich ging in mich und dachte an meine vielen Wahlkampfauftritte überall in der Stadt. An zahlreichen Schulen hatte ich den Programmier- und Robotik-Unterricht besucht: Klassenräume voller Jungen. Und mir fiel wieder ein, dass ich eigentlich unaufhörlich an jene Kinder dachte, die ich *nicht* zu sehen bekommen hatte. Wo waren die Mädchen? Mir wurde klar, dass die Geschlechterkluft im Technologiebereich nur zu schließen war, indem man Mädchen schon sehr früh mit einbezog. Ziemlich schnell wusste ich, dass dies die nächste Herausforderung sein würde, durch die ich gesellschaftlich Einfluss nehmen könnte, so, wie ich es mir immer gewünscht hatte. 2012 gründete ich Girls Who Code (GWC), inzwischen eine landesweite Bewegung mit mehr als neunzigtausend teilnehmenden Mädchen in fünfzig Bundesstaaten.

Ursprünglich sollte Girls Who Code einem Trend entgegenwirken: dass Mädchen zwischen dreizehn und siebzehn das Interesse an den MINT-Fächern verlieren, also an Mathematik, Informatik, Naturwissenschaft und Technik. Unser Ziel war es, ihren Anteil an den 1,4 Millionen Jobs im IT-Bereich, die das Amt für Arbeitsstatistik (The Bureau of Labor Statistics) für 2020 in den USA prognostiziert hatte, deutlich zu steigern. Zu dieser Zeit waren gerade mal 3 Prozent der in diesen Berufen arbeitenden Menschen weiblich – eine Quote, die deutlich zu steigern war. Aber nachdem GWC einmal auf den Weg gebracht war, wurde mir klar, dass wir diese Mädchen nicht nur auf zukünftige Jobs vorbereiteten. Wir brachten ihnen das Programmieren bei und lehrten sie gleichzeitig, mutig zu sein.

Programmieren ist ein langwieriger Prozess des Herumprobierens, und manchmal entscheidet lediglich ein Semikolon über Erfolg oder Misserfolg. Der Code kann abbrechen oder abstürzen, und oft braucht man viele, viele Versuche bis zu dem magischen Moment, in dem das, was man erschaffen wollte, plötzlich funktioniert. Dazu braucht es Beharrlichkeit und die Bereitschaft, auch das Unperfekte aushalten zu können.

Im Februar 2016 beschrieb ich in einem TED-Vortrag meine Beobachtungen über den Zusammenhang von Mädchen, Perfektion und Mut. In einem glühenden Appell forderte ich, dass wir unsere Mädchen endlich anders sozialisieren – und dass Frauen ermutigt werden, es nicht mehr allen recht zu machen, ihren Perfektionismus abzulegen und Mitsprache, Respekt und Einfluss zurückzuverlangen.

Zu meiner Überraschung traf der Vortrag einen empfindlichen Nerv. Ich wusste ja, dass mir selbst das Thema sehr am Herzen lag, aber nun pflichteten mir Tausende Mädchen und Frauen im ganzen Land bei. Innerhalb weniger Tage erreichte mich eine Flut von E-Mails. Manche Frauen schrieben mir, dass sie sich selbst in meiner Rede wiedererkannt hatten. »Ich habe geweint, als ich Ihren Vortrag hörte«, schrieb eine. »Mir wurde bewusst, wie stark ich mich selbst beschränke«, schrieb eine andere. Zahllose Frauen erzählten mir, dass sie ihre Chancen nicht nutzten, aus Angst, sie könnten sich lächerlich machen, versagen oder ihrem eigenen unerreichbaren Perfektionsanspruch nicht genügen.

Manche E-Mails berührten mich sehr, etwa wenn ich las, wie Mädchen und Frauen von ihrem Perfektionsanspruch gequält werden. »Wenn ich einen Fehler mache oder jemanden enttäusche, dann werfe ich mir das tagelang vor«, schrieb eine Frau, »ich kann dann an nichts anderes mehr denken.« Eine andere schrieb: »Jeder denkt, dass ich alles im Griff habe ... wenn die wüssten, wie sehr ich mich anstrengen muss, um so zu wirken, und wieviel Angst ich habe, dass sie herausfinden, was für eine Chaotin ich in Wirklichkeit bin.«

Andere Mails machten mich unglaublich stolz. Eine Studentin berichtete, dass sie ihren Perfektionsanspruch endlich aufgegeben habe, nachdem sie jahrelang vor Erschöpfung weinend über ihren Arbeiten gesessen hatte – nicht in der Lage dazu, jemanden um Hilfe zu bitten, aus Angst, für dumm gehalten zu werden. Sie hatte sich an der Uni durch ihren Perfektionismus selbst isoliert. »Es hat mir großen Schub gegeben«, schrieb sie. »Jetzt stelle ich meine Fragen. Sollen die Leute doch denken, ich wäre dumm, weil ich nachfrage. Und wenn schon. Hier geht es nur um mich und meine Ausbildung.«

Eltern von Kindergartenkindern berichteten beunruhigt von ihren überbesorgten fünfjährigen Töchtern, die alles exakt »richtig« machen wollen, und Erzieherinnen erzählten mir, dass sie in Rundschreiben oder Newslettern Eltern dazu ermuntert hatten, sich meinen Vortrag zusammen mit der Familie anzusehen.

Die Botschaft von »Mutig, nicht perfekt« verbreitete sich durch Blogger, in den sozialen Medien und über Fernsehinterviews immer weiter. Bis heute wurde der TED-Talk fast vier Millionen Mal angesehen. Ich hatte die Ehre, auf der Versammlung der Fortune Most Powerful Women zu sprechen und die frühere First Lady Michelle Obama in Washington D.C. zu treffen.

All das war aufregend und schön, aber am schönsten finde ich, dass die Botschaft von »Mutig, nicht perfekt« sowohl für den Einzelnen als auch für die Gesellschaft etwas verändert. Jede Woche besuche ich mindestens ein bis zwei Städte und spreche auf Konferenzen, an Schulen und in Firmen, und jedes Mal bin ich wieder überwältigt und gerührt, wenn ich sehe, dass mein Vortrag Frauen und Mädchen dazu inspiriert hat, etwas Neues oder Herausforderndes auszuprobieren. Dass sie Fragen stellen oder Antworten geben, selbst wenn sie befürchten, für dumm gehalten zu werden. Dass sie eine »sichere« Laufbahn aufgeben für eine, von der sie immer geträumt haben, selbst wenn andere sie für verrückt erklären. Dass sie den Schritt ins Ungewisse gewagt haben, selbst auf die Gefahr hin, Tiefschläge zu erleiden – und dass sie lernen, die Welt geht nicht unter, wenn sie scheitern.

Ich habe dieses Buch geschrieben, weil ich glaube, dass jede von uns genug Mut in sich finden kann, um ihre kühnsten Träume zu verwirklichen. Sei es der Wunsch, Multimillionärin zu werden, den Mount Everest zu besteigen oder einfach nur ohne die ständige Angst vor Verurteilung zu leben, alles wird möglich, wenn wir unsere Programmierung zum Perfect Girl überschreiben und das Mutigsein üben.

Wir werden nicht länger schweigen und uns zurückhalten, und wir werden das auch unseren Töchtern nicht mehr beibringen. Es wird Zeit, dieses Denkmuster zu überwinden. Und falls Sie glauben sollten, dass dieser Mut eigentlich ein den Reichen vorbehaltener Luxus ist, dann lassen Sie mich Ihnen versichern: Ich habe mit Frauen unterschiedlichster Herkunft und wirtschaftlicher Lebensumstände gesprochen, dieses Problem betrifft uns alle. Ich wünsche mir eine starke Bewegung, die *alle* Frauen dazu inspiriert, ihre Unvollkommenheit zu akzeptieren, auf dass ihr Leben reicher und unsere Welt besser werden möge. Lassen wir Chancen nicht mehr ungenutzt verstreichen, stellen wir unser Licht nicht länger unter den Scheffel und hören wir auf, unsere Träume aufzuschieben! Lasst uns nicht länger nach Perfektion streben, sondern uns unseren Herausforderungen stellen.

Anaïs Nin schrieb: »Ob unser Leben kleiner wird oder größer, steht in direktem Verhältnis zu unserem Mut.« Wenn das stimmt – und ich bin davon überzeugt –, dann ist Mut die Voraussetzung für ein erfülltes Leben. Ich schreibe dieses Buch, weil ich daran glaube, dass jede Frau die Chance haben sollte, sich aus dem Würgegriff des Perfektionismus zu befreien und das freudvolle und couragierte Leben zu leben, das ihr zusteht.

Erster Teil

Wie Mädchen Perfektionismus antrainiert wird

1

Sugar and Spice and Everything Nice – brave kleine Mädchen

Die sechzehnjährige Erica ist eine Überfliegerin. Beide Eltern sind bekannte Professoren, sie selbst ist stellvertretende Klassensprecherin und hat hervorragende Zensuren. In ihren Zeugnissen überschlagen sich die Lehrer*innen mit Lob für ihren Fleiß und betonen, was für eine Freude es sei, sie zu unterrichten. Zweimal im Monat arbeitet sie ehrenamtlich in einem örtlichen Krankenhaus. Am Ende des 10. Schuljahres bekam Erica von ihren Klassenkameraden die Auszeichnung »Schönstes Lächeln« verliehen, und ihre Freund*innen halten sie für die netteste Person überhaupt.

Hinter diesem hübschen Lächeln sieht es allerdings nicht ganz so rosig aus. In Ericas Tagebuch kann man lesen, dass sie unter dem Gefühl leidet, allzeit perfekt sein und alle anderen glücklich machen zu müssen. Hier klagt sie auch, dass sie jeden Abend und am Wochenende bis zur Erschöpfung lernt, um Einsen zu schreiben und Eltern wie Lehrer*innen glücklich zu machen; auf keinen Fall will sie sie enttäuschen, das wäre so ungefähr das Schlimmste, was sich Erica vorstellen kann. Einmal hatte sie den Termin für einen Debatten-Wettkampf in der Schule falsch notiert und konnte nicht hingehen, denn zu gleicher Zeit fand eine Reise ihrer Kirchengemeinde statt, zu der sie ihre Teilnahme als freiwillige Helferin zugesagt hatte; sie war außer sich vor

Sorge, dass ihr Lehrer »total wütend« auf sie sein würde, und wurde krank.

Erika hasst die ehrenamtliche Arbeit im Krankenhaus (man sollte sie auf keinen Fall nach den Bettpfannen fragen, die sie ausleeren muss), aber sie bleibt trotzdem dabei, weil ihr Beratungslehrer findet, dass es sich gut macht in ihrer Collegebewerbung. Eigentlich würde sie sich sehr gerne für das Cheerleading-Team bewerben, weil sie glaubt, dass das viel Spaß machen könnte. Aber sie tut es nicht, weil sie von Freundinnen gehört hat, dass einige Sprünge sehr schwer zu erlernen sind, und auf keinen Fall möchte sie sich lächerlich machen. Außerdem mag sie die meisten ihrer Freundinnen nicht einmal, denn die können sehr gemein und gehässig sein, aber Erica hat viel zu viel Angst, das zu kritisieren.

Wie so viele Mädchen will Erica es unbedingt allen recht machen, immer auf Nummer sicher gehen und auf keinen Fall versagen.

Ich weiß das so genau, weil Erica heute zweiundvierzig Jahre alt und eine gute Freundin von mir ist. Sie ist immer noch supernett und hat ein bezauberndes Lächeln – und sie ist immer noch gefangen in ihrem eigenen Perfektionismus. Sie ist Politikberaterin, hat keine Kinder und arbeitet fast jeden Tag bis weit nach Mitternacht, um ihre Kolleg*innen zu beeindrucken und die Erwartungen ihrer Klient*innen zu übertreffen. Jedes Mal, wenn wir uns sehen, sieht sie fantastisch aus; als Freundin findet sie immer genau die richtigen Worte, wählt immer das passende Geschenk mit der passenden Karte, und immer ist sie pünktlich. Aber genau wie die Sechzehnjährige von damals lässt Erica auch heute nur im vertrauten Gespräch durchblicken, dass ihr dieser pausenlose Drang, es allen recht zu machen, geradezu die Luft abschnürt. Neulich fragte ich sie, was sie eigentlich tun würde, wenn ihr egal wäre, was andere darüber dächten. Wie aus der Pistole geschossen ratterte sie eine Liste von Zielen und Wünschen herunter, die umzusetzen sie sich jedoch niemals trauen würde, egal ob es darum geht, ihrem größten Klienten auszureden, sein Büro an den Stadtrand zu verlegen, oder alleine ein Kind großzuziehen.

Unsere Kultur hat Generationen perfekter Mädchen wie Erica hervorgebracht, die als erwachsene Frauen Angst vor dem Risiko haben. Sie haben Angst, ihre Meinung zu äußern, Entscheidungen zu treffen, stolz auf ihre Leistung zu sein, Angst, ein selbstbestimmtes Leben ohne Bestätigung von außen zu führen. Mit anderen Worten: Sie haben Angst, sie selbst zu sein.

Schon als Baby absorbieren Mädchen täglich auf hundertfache Weise die Botschaft, dass sie nett sein sollen, höflich und adrett. Verzückte Eltern kleiden sie in süße, farblich abgestimmte Outfits (mit passenden Haarschleifen) und sagen ihnen, wie hübsch sie seien. Man überschüttet sie mit Lob, wenn sie gute Noten schreiben, hilfsbereit sind, höflich und zuvorkommend, und man tadelt sie, wenn sie unordentlich sind oder laut und zu selbstbewusst auftreten.

Eltern und Lehrer meinen es gut, wenn sie die Interessen von Mädchen auf Aufgaben und Tätigkeiten lenken, die sie gut meistern können, damit sie Erfolgserlebnisse haben. Zugleich hält man Mädchen von Aktivitäten fern, die frustrierend sein könnten, oder schlimmer noch, bei denen sie versagen könnten. Das ist verständlich, denn Mädchen gelten als verletzbar und schwach, und instinktiv wollen wir sie vor Schmerz und Verurteilung schützen.

Unsere Jungen hingegen dürfen sich ausprobieren, die Welt erkunden, sich dreckig machen, hinfallen und, genau, sie dürfen auch scheitern – weil man ihnen schon möglichst früh beibringen will, wie man »ein Mann wird«. Zwar hat sich unsere Gesellschaft in vielem weiterentwickelt, aber die meisten Menschen finden es auch heute noch irritierend, wenn ein Junge zu zögerlich ist, zu zurückhaltend oder zu ängstlich – geschweige denn, wenn er weint. Das beobachte ich sogar bei meinem Ehemann, ein Feminist des 21. Jahrhunderts, der regelmäßig mit unserem Sohn herumtobt, um ihn »abzuhärten«, und der mir sagt, dass ich ihn weinen lassen soll, wenn er nachts einmal wach wird. Ich habe ihn einmal gefragt, ob er das alles genauso machen würde, wenn Shaan ein Mädchen wäre, und seine prompte Antwort war: »Natürlich nicht«.

Solche Glaubenssätze verschwinden nicht einfach, nur weil wir erwachsen werden. Im Gegenteil, der Perfektionsanspruch erhöht sich für Frauen noch, wenn das Leben komplexer wird. Wir versuchen, perfekte Töchter und Schülerinnen zu sein und später dann perfekte Mitarbeiterinnen, perfekte Freundinnen, perfekte Ehefrauen und perfekte Mütter. Immer versuchen wir, an uns gestellte Erwartungen zu erfüllen, und dann wundern wir uns, wenn wir überfordert sind, frustriert und unglücklich. Es *fehlt* einfach etwas. Wenn wir doch alles richtig gemacht haben, was ist dann falsch gelaufen?

Wenn man ein Buch über Frauen und Perfektionismus schreibt, dann fängt man an, das Problem überall zu sehen. Am Flughafen, in Cafés, auf Konferenzen, im Nagelstudio … überall, wo ich hinkam, sprach ich mit Frauen über dieses Thema, und ausnahmslos alle Frauen begannen wissend mit den Augen zu rollen, zu nicken oder zustimmend zu lachen; berichteten sie von ihren eigenen Erfahrungen, dann wurden sie traurig. Ihr Alltag wird bestimmt von dem unablässigen inneren Druck, alles richtig machen zu müssen: die Posts in ihrem Instagram-Account müssen gut sein, der Partner muss zufriedengestellt werden (oder ein

»perfekter« Partner muss gefunden werden), zugleich müssen die Kinder zu Überfliegern werden, die sich sowohl anpassen können (und die nach einem Jahr Stillzeit an der Mutterbrust problemlos zum selbstgekochten Bio-Essen wechseln); die Figur muss in Schuss gehalten werden und sie müssen gut aussehen »für ihr Alter«, zugleich wollen sie die Beste im Büro sein, in ihrer Gemeinde oder im Verein, im Spinning- oder im Cross-Fit-Kurs, und auch sonst überall.

Unglaublich viele Frauen erzählten mir von unerfüllten Lebensträumen und Plänen, davon, dass sie zu viel Angst hätten, sie umzusetzen. Unabhängig von Heimat oder ethnischer Herkunft, vom Beruf oder den wirtschaftlichen Verhältnissen, ich war verblüfft, wie sehr sich die Erfahrungen glichen. Von vielen dieser Frauen werden Sie in diesem Buch lesen.

Aber zunächst möchte ich skizzieren, wie Frauen auf Perfektionismus gedrillt werden. Ich werde zeigen, wie der Perfektionismus bereits bei kleinen Mädchen angelegt wird, wie er unser Leben als Frau bestimmt und damit jede weitere Entscheidung unseres Lebens. Wenn wir dieses Muster auf kluge Weise verändern wollen, müssen wir erst verstehen, wie es entstanden ist. Dieses Buch soll ein Leitfaden sein, der uns helfen kann, unser Leben so zu leben, dass wir die Frau werden, die wir sein wollen.

Woher kommt der Perfektionismus?

Wann genau ist es passiert? Wann haben wir Selbstvertrauen und Selbstbehauptung eingetauscht gegen Zustimmung und Anerkennung? Und wieso?

Die Kategorisierung von Mädchen als angenehm und umgänglich beginnt quasi bei ihrer Geburt. Ob wir es merken oder nicht, reflexartig nehmen wir bereits Kleinkindern gegenüber eine bestimmte Erwartungshaltung ein, je nachdem, ob sie in Rosa oder Blau gekleidet sind; Babys in Rosa sind süß und niedlich, Babys in Blau sind freche kleine Kerlchen. Aber wir ziehen sogar Schlüsse, wenn es keine sichtbaren Hinweise auf das Geschlecht gibt. Laut einer Studie halten wir geschlechtsneutral gekleidete Kinder eher für Jungen, wenn sie schreien oder wütend sind, und Kinder, die als lieb und ausgeglichen wahrgenommen werden, für Mädchen. Wir werden also ab dem Windelalter konditioniert.

Etwa im Alter von acht Jahren entwickeln Mädchen ihren Perfektionsdrang, und gleichzeitig nimmt ihr Wagemut ab; das ist in etwa die Zeit, in der auch der innere Kritiker in Erscheinung tritt. Sie wissen, wen ich meine: Es ist diese rummäkelnde Stimme in Ihrem Kopf, die Ihnen genau sagt, was Sie alles nicht so gut können wie andere … dass Sie es vermasselt haben … dass Sie sich schuldig fühlen oder sich schämen sollten … dass Sie *so richtig Scheiße sind* (Ihren inneren Kritiker kenne ich ja nicht, aber meiner ist manchmal ziemlich brutal).

Catherine Steiner-Adair ist eine angesehene klinische Psychologin, sie berät Schulen und ist wissenschaftliche Mitarbeiterin an der Harvard Medical School. Sie hat mit Hunderten Mädchen und jungen Frauen in den USA gearbeitet und weiß aus erster Hand, wie zerstörerisch Perfektionismus wirken kann.

Etwa im Alter von acht Jahren, sagt sie, verstehen Kinder die Relevanz von Fähigkeiten und Geschicklichkeit. »In diesem Alter verändern sich die Interessen von Mädchen, zugleich suchen sie jetzt Anschluss an andere, die diese Interessen teilen. Sie nehmen also zum einen die Unterschiede wahr, und zum anderen entwickeln sie eine Vorstellung davon, wer und was besser ist.«

Die Kinder erleben, dass sie benotet werden, eingestuft und bewertet – beim Fußball, im Mathematikunterricht oder beim

Musizieren, sagt Steiner-Adair. »Wenn man gesagt bekommt, dass man etwas nicht so gut kann wie andere, dann braucht man schon sehr viel Mut und Selbstbewusstsein, um neue Dinge auszuprobieren. Ab jetzt bedeutet eine Fünf nicht nur, dass du etwas nicht kannst, sondern auch, dass du es nicht gerne tust. Und so werden Kinder mutlos.«

Mit zunehmendem Alter werden Mädchen auch hellhöriger. Sie registrieren ganz genau, wenn ihre Mütter sich mit anderen vergleichen (»Ich wünschte, ich könnte auch so eine Jeans tragen«) oder kritisch über andere Mädchen und Frauen reden (»So was sollte sie besser *nicht* anziehen«). Plötzlich wird der Vergleich mit anderen ein Teil ihres Lebens, eine Dynamik, die sich automatisch auch nach innen richtet und bestimmt, wo innerhalb dieses Spektrums von hübsch oder weniger hübsch, klug oder mittelmäßig, beliebt oder unbeliebt sie sich selber sehen.

Wenn wir erwachsen und Eltern geworden sind, sind diese Impulse so tief in uns verwurzelt, dass wir sie unabsichtlich an unsere Mädchen weitergeben. Eine Geschichte von Catherine brachte es auf den Punkt. Als ihre Tochter in der dritten Klasse war, hörten sie und ein paar Mitschülerinnen, wie eine Mutter zu einem anderen Mädchen sagte: »Du hast so schöne Haare«. Die Mädchen stutzten und sahen sich an: *Und ich? Habe ich jetzt schöne oder hässliche Haare?* Und so fängt das an.

Die übermächtige Gefallsucht

Wie die meisten Frauen habe ich schon sehr früh gelernt, hilfsbereit und gehorsam zu sein, die Bedürfnisse anderer im Blick zu haben, ja, diese sogar über meine eigenen zu stellen. Meine Eltern wollten nicht, dass ich mit Jungs ausging, bevor ich sechzehn war, also tat ich das auch nicht. Sie verboten mir Make-up, tiefe Ausschnitte und dass ich später als 22 Uhr nach Hause kam, und ich gehorchte. Ich habe mich immer genau so verhalten, wie meine Eltern es von mir erwartet haben. In unserer indischen Familie begrüßt man ältere Menschen, in dem man ihre Füße berührt. Wenn ich nach der Schule eine Freundin mit nach Hause brachte und gerade eine ältere Tante zu Besuch war, hätte ich nicht im Traum daran gedacht, so respektlos zu sein und sie nicht wie gewohnt zu begrüßen, auch wenn mir das vor meiner Freundin peinlich war. Aß die ganze Familie zusammen, deckten meine Schwester und ich den Tisch und räumten ihn auch ab, ohne je zu fragen, warum unsere Cousins das nie tun mussten. Und auch wenn ich lieber draußen mit meinen Freund*innen gespielt hätte, war ich immer bereit, auf die (ungezogenen) Kinder unserer Nachbarn aufzupassen. So etwas wurde von hilfsbereiten Mädchen meines Alters einfach erwartet.

So begann meine lebenslange Mission als perfekte Tochter, perfekte Freundin, perfekte Mitarbeiterin, perfekte Mutter. Ich weiß, damit bin ich nicht allein. Aus Ja-Sager-Mädchen werden Frauen, die nie Nein sagen können, die gefangen sind in einem endlosen Kreislauf, der sie zwingt, anderen – und sich selbst – ihren Wert immer wieder aufs Neue beweisen zu müssen, indem sie selbstlos sind, zuvorkommend und liebenswürdig.

Ein Experiment mit Limonade liefert ein anschauliches Beispiel für diesen übermächtigen Impuls, anderen gefallen zu müssen. Ja, Limonade. Unter fachlicher Begleitung durch den Psychologen Campbell Leaper ließ ABC News Jungen und Mädchen Limonade probieren, die ganz objektiv fürchterlich schmeckte (sie war mit Salz statt mit Zucker versetzt), und fragte sie, wie sie ihnen schmecke. Die Jungen reagierten prompt mit: »Iiiihhh! … wie eklig!« Ausnahmslos alle Mädchen aber tranken davon, würgten die Limonade sogar hinunter. Erst auf mehrfaches Nachfragen der Wissenschaftler hin, warum sie ihnen nicht gesagt hätten, dass die Limonade schrecklich schmecke, erklärten sie, sie hätten nicht gewollt, dass sich die Wissenschaftler schlecht fühlten.

Dieses Bedürfnis, gefallen zu wollen, zeigt sich oft daran, wie bemüht Mädchen sind, die »richtige« Antwort zu geben. Fragt man ein Mädchen nach seiner Meinung zu irgendetwas, wird es abwägen. Sagt es jetzt das, was der Lehrer / die Eltern / eine Freundin / ein Junge von ihr erwartet, oder soll es ganz offen sagen, was es wirklich denkt und glaubt? In der Regel wird es sich für die Option entscheiden, von der sie annimmt, dass sie ihr Zustimmung oder Zuneigung sichert.

Viel seltener als Jungen schlagen Mädchen anderen eine Bitte ab, selbst wenn sie eigentlich Nein sagen wollen (oder sogar müssten). Man darf nicht vergessen, sie wurden auf Hilfsbereitschaft konditioniert. Frage ich Mädchen, was sie tun, wenn eine Freundin sie um einen Gefallen bittet, den sie eigentlich nicht erfüllen wollen oder für den sie keine Zeit haben, antworten beinahe alle, dass sie es trotzdem tun würden. Die Frage, wieso sie dies tun, beantworten sie mit einem Achselzucken, das ganz deutlich zum Ausdruck bringt: »Pah, das ist doch klar«. Hallie, eine sommersprossige Vierzehnjährige, fasste es sehr treffend so zusammen: »Niemand will von seinen Freunden für eine Bitch gehalten werden. Wirklich *niemand*.«

Der innere Drang, Ja sagen zu müssen, nimmt im Laufe des Lebens keinesfalls ab. Wie bei Dina, einer viel beschäftigten Rechtsanwältin, die sich aus Pflichtbewusstsein zur Elternsprecherin der Klasse ihres Sohnes wählen ließ. Viele von uns investieren Zeit, Aufmerksamkeit, manchmal sogar Geld, weil wir andere nicht verletzen wollen (vor allem aber, weil wir nicht wollen, dass sie schlecht über uns denken).

Jungen und später die Männer, zu denen sie geworden sind, geht es anders. Janet, eine vierundvierzigjährige Abteilungsleiterin in einem Bekleidungsgeschäft, muss jedes Mal schaudern, wenn sie eine Mail liest, die ihr Mann, ein Unternehmer, an seine Geschäftspartner schickt. Sie findet, seine direkte Art klinge schroff. Er sagt, was er braucht, äußert seine Meinung, kritische Rückmeldungen mildert er nicht ab, und seine Mails beendet er ohne Grußformel. Keine »freundlichen Grüße« oder wenigstens ein »Danke«. Einmal schlug sie ihm vor, seinen Ton in einer E-Mail an einen Lieferanten etwas abzumildern, um ihn nicht zu verärgern. Dazu meinte er: »Es ist nicht mein Job, beliebt zu sein. Mein Job ist es, mich verständlich zu machen.«

Ihre E-Mails an ihren Chef oder an Kolleg*innen haben eine freundliche Einleitung, sind voller Lob, und manchmal benutzt sie auch ein lachendes Emoji. Jede E-Mail liest sie dreimal durch, korrigiert und verändert sie, erst dann schickt sie sie ab. »Mein Mann findet das neurotisch«, erzählt Janet. »Ich finde es sorgfältig. Aber wenn ich ganz ehrlich bin, dann würde ich sagen, ich passe auf, dass ich niemanden verärgere.«

Ich wurde von einer Beraterin von Führungskräften gecoacht, die immer wieder betont, dass das Gemochtwerden von Frauen überbewertet wird. Zu hyper-erfolgreichen männlichen CEOs sagt sie das nicht, das braucht sie auch nicht. Die orientieren sich an Männern wie Steve Jobs und Jeff Bezos, die berüchtigt dafür sind, es niemandem recht machen zu wollen, sich also einen Teufel darum scheren, ob sie gemocht werden oder nicht.

Trotz dieses Appells meiner Coach *ist* es mir wichtig, gemocht zu werden. Durch meine Kandidatur in New York City habe ich inzwischen ein dickes Fell, was öffentliche Kritik angeht. Aber von meinem Team möchte ich gemocht werden. Unbedingt sogar. Ich möchte, dass sie mich für die beste Chefin halten, die sie je hatten – und dadurch wird es sehr schwierig, kritisches Feedback zu geben. Ich mache es trotzdem, weil ich weiß, dass ich die Geschäftsführerin bin, aber … uff. Habe ich in meinem Privatleben eine Meinungsverschiedenheit mit einer Freundin oder spüre, dass meine Eltern oder mein Mann sich über mich ärgern, dann drehe ich fast durch. Ich habe schon nachts wachgelegen und gegrübelt, ob eine Kollegin, ein Bekannter – oder ein völlig Fremder! – etwas, was ich gesagt habe, falsch verstanden haben könnte, und viel zu oft habe ich Dinge heruntergespielt, wenn ich eigentlich auf den Tisch hätte hauen müssen.

Immer wieder wird mir das ganze Ausmaß meiner Konditionierung bewusst. Ein Beispiel: Ich stand vor Kurzem in einer Schlange, um ein Sandwich zu kaufen, und ein Typ drängelte sich vor. Obwohl ich wirklich sauer war, habe ich nichts gesagt, weil ich den Konflikt scheute, und das, obwohl ich den Mann nicht einmal kannte und wahrscheinlich auch nie wiedersehen werde. Auch ich habe schon unglaublich nette Dinge gesagt, obwohl ich eigentlich das genaue Gegenteil gedacht habe, nur um niemanden zu kränken (»Mhhh, leckere salzige Limonade!«). Wer kennt das nicht?

Dieser ungesunde Impuls, immer allen gefallen zu müssen, kann schnell dazu führen, dass sich plötzlich alles darum dreht, was andere denken, und weniger darum, was *Sie* eigentlich glauben, brauchen und wollen – und schon gar nicht, was Ihnen zusteht. Wir wurden darauf konditioniert, Kompromisse zu schließen und uns klein zu machen, nur um gemocht zu werden. Aber leider kann es sein, dass man sich wie verrückt anstrengt, um überall beliebt zu sein, und am Ende mag man sich selber nicht mehr besonders. Aber wenn Sie erst einmal gelernt haben, mutig genug zu sein, um es nicht mehr allen recht zu machen und auf ihre eigenen Bedürfnisse und Wünsche zu achten (und genau das werden Sie tun!), dann schreiben Sie das Drehbuch Ihres Lebens wieder selbst.

Das »schwache« Geschlecht

Eines sonnigen Samstagmorgens im späten Mai saß ich auf einer Spielplatzbank in Manhattan und beobachtete meinen Mann Nihal beim Spielen mit unserem 16 Monate alten Sohn Shaan. Oder sagen wir so, ich beobachtete meinen Sohn, wie er zwischen Schaukel und Klettergerüst hin- und herlief, Nihal stand etwas abseits und sah zu. Shaans T-Shirt war voller Eiscremeflecken, seine Nase schnodderig, aber ihm war es egal – und mir auch. Shaan konnte noch nicht lange laufen, und seine Koordination war unsicher, sodass er immer wieder hinfiel, während er von einem Ende des Spielplatzes zum anderen tapste. Nihal half ihm nicht, sondern wartete in aller Ruhe, bis er wieder aufstand und weiterlief. Irgendwann sah ich, wie Nihal den ängstlichen Shaan dazu brachte, die große Rutsche hinunterzurutschen. »Das schaffst du … du bist ein großer Junge … du hast keine Angst!«

In der Nähe fochten etwas größere Jungen mit Stöcken, andere spielten Fangen. Überall fröhliches Rufen, jede Menge aufgeschürfter Knie und Ellbogen: kleine Jungen beim Spielen.

Zur gleichen Zeit saßen fünf Mädchen im Alter von etwa drei Jahren im Sandkasten und spielten leise vor sich hin. Keine eisverschmierten T-Shirts, keine Schnoddernasen. In ihren farblich abgestimmten Outfits backten sie Sandkuchen, während ihre Mütter sie aus der Nähe aufmerksam im Blick behielten. Innerhalb von zehn Minuten sprangen drei der fünf Mütter jeweils einmal auf und stiegen in den Sandkasten – eine richtete das Haarband der Tochter, eine andere ermahnte ihr Kind, nicht »böse« zu sein und dem anderen Mädchen seine Schaufel wieder zurückzugeben. Die dritte Mutter eilte herbei, um ihrer Tochter zu helfen, den umgefallenen Sandkuchen wieder aufzurichten. Dabei machte sie tröstende Laute und wischte der Tochter die Tränen aus dem Gesicht. Als der Kuchen wieder ganz war, lächelte das Mädchen, und die Mutter sagte strahlend vor Stolz: »Na, da strahlt meine Süße wieder!«

So etwas denkt man sich nicht aus.

Nahezu alles, worüber ich in den vergangenen Jahren gelesen und geforscht hatte, was ich beobachtet und was Experten in Interviews beschrieben hatten, es spielte sich hier vor meinen Augen ab. Sozusagen wie im Lehrbuch konnte man sehen, wie Jungen dazu erzogen werden, mutig zu sein, und Mädchen dazu, perfekt zu sein – genau hier auf einem kleinen Spielplatz, keine zehn Minuten von meiner Wohnung entfernt.

Diese Beobachtung erinnerte mich an eine andere Szene, die ich wenige Monate vorher in Shaans Schwimmkurs mitbekommen hatte. Eltern ermunterten ihre ängstlichen Söhne, »taff zu sein«, und jubelten, wenn die Jungs ins tiefe Wasser sprangen. Hatte eines der kleinen Mädchen in der Klasse Angst vor dem Wasser, versuchte man, ihr die Angst mit zärtlichem, ermunterndem Zureden zu nehmen: »Komm, mein Schatz ... nimm meine Hand ... dein Gesicht wird nicht nass.« Das fand ich wirklich absurd, wieso geht man schwimmen, wenn man nicht nass werden will?

Das sind meine zufälligen Beobachtungen. Aber auch Studien belegen: Töchter erhalten deutlich mehr Hilfestellung und werden von ihren Eltern zur Vorsicht ermahnt, während Söhne eher angespornt werden und Ratschläge bekommen, um sich dann selbstständig und mutig mit körperlichen Herausforderungen auseinanderzusetzen.

Viele solcher Erziehungsmuster verstetigen sich, denn Eltern werden gesellschaftlich bestraft, wenn sie davon abweichen. Eine Frau namens Kelly erzählte mir von einer Exkursion nach Oregon, die sie zusammen mit ihrem Sohn und ihrer Tochter und mehreren anderen Familien unternahm. Nach einer Tour auf dem Mountainbike kletterten sie auf einen Hügel, von dem aus man sich über eine Naturrutsche ins Wasser gleiten lassen konnte. Tourguide Billy half allen Kindern auf den Felsen hinauf und schickte sie dann mit einem Schubs die Rutsche hinunter. Die Jungen rutschten ohne Zögern, aber Kellys normalerweise unerschrockene Tochter Ellie hatte Angst. Und anstatt sie zu ermutigen, wie er es bei den Jungen gemacht hatte – indem er ihnen einen leichten Stups gab –, half Billy ihr den Hang hinab und versicherte ihr freundlich, dass sie nicht rutschen müsse, wenn sie es nicht wolle.

Kelly, die solche Ängste von ihrer Tochter normalerweise gar nicht kennt, rief währenddessen von unten: »Los, Ellie!«. Als sie sah, dass Billy ihr keinen Schubs geben würde, wie er es bei den Jungs gemacht hatte, rief sie den Hang hinauf: »Gib ihr einfach einen Schubs!« Die Eltern ringsum waren *geschockt*. »Von allen Erwachsenen kassierte ich schräge Blicke«, erzählt sie. »Sie ließen mich spüren, dass sie es nicht in Ordnung fanden, wie ich meine Tochter dazu drängen wollte, mutig zu sein. So was machen wir einfach nicht mit unseren Töchtern.«

Die Überzeugung, dass Jungen hart im Nehmen, belastbar und konfliktfähig sind und Mädchen verletzbar und schutzbedürftig, hilfreich und gut, ist tief verankert und zugleich weit verbreitet. 2017 veröffentlichte die Weltgesundheitsorganisation zusammen mit der Johns Hopkins Bloomberg School of Public Health eine bahnbrechende Studie. In fünfzehn Ländern, darunter die USA, China und Nigeria, fanden sich überall und durchgehend die gleichen Geschlechterstereotype. Zudem belegte die Studie, dass Kinder sich diese Denkbilder schon in jungen Jahren zu eigen machen.

Diese Vorstellung, dass »Mädchen zarter sind«, beginnt im Sandkasten und setzt sich in der Schule fort. Ein Problem dabei ist der Fokus, den Mädchen haben, wenn sie kritisiert werden. Sagt man ihnen, dass ihre Antwort falsch war, dann hören sie ausschließlich Missbilligung, und die schießt wie ein brennender Pfeil direkt ins Herz. »Das hab ich falsch gemacht« wird zu »Ich kann gar nichts« und das zu »Dann mach ich das nie wieder«, und selten zu: »Ah, jetzt weiß ich, wie ich es beim nächsten Mal besser machen könnte.«

Noch problematischer allerdings ist das Verhalten der Erwachsenen. Aus Rücksicht auf die Empfindsamkeit der Mädchen mildern wir automatisch jede Kritik ab. Wir nehmen sie noch mehr in Schutz, spielen alles ein wenig herunter, umhüllen Mädchen mit noch mehr »Sicherheit« und ermöglichen damit die sich selbst erfüllende Prophezeiung, dass Mädchen verletzlich sind. Aber wenn man ihnen jeden Konflikt erspart, wie sollen sie dann später, falls (oder sagen wir lieber: wenn) sie mit echter Kritik und echten Rückschlägen konfrontiert werden, zurechtkommen, ohne dass sie davon aus der Bahn geworfen werden?

Jungen dagegen haben gelernt, mit Kritik oder negativem Feedback umzugehen, also halten wir uns bei ihnen nicht zurück. Brad Brockmueller, einer der Girls-who-Code-Kursleiter und Lehrer an der Career und Technical Academy in Sioux Falls, gibt freimütig zu, dass Lehrer ihr Feedback an Jungen und Mädchen sehr unterschiedlich verpacken. »Wenn Jungen etwas ausprobieren und es nicht hinkriegen, probieren sie einfach weiter«, sagt er. »Bei Mädchen hebe ich erst hervor, was sie richtig gemacht haben, bevor ich ihnen sage, was falsch ist. Und dann ermuntere ich sie, weiterzumachen.« Einmal sollten die Kinder in einer Klasse Netzwerkkabel herstellen. Eines der Mädchen verlor die Lust, weil sie es nicht hinbekam. »Sie wollte aufgeben. Um sie bei der Stange zu halten, musste ich betonen, wieviel sie bereits richtig gemacht hatte und wie nah sie dran war, es hinzukriegen. Einige Jungen zeigten mir ihre Kabel, die nicht gut gemacht waren. Ich nahm eine Schere, schnitt das Ende ab und sagte: ›Nö, nicht gut. Versucht's noch mal.‹ Und das haben sie dann gemacht.«

Brad trainiert auch das Mädchen-Basketballteam, und auch hier macht er ganz andere Erfahrungen als mit den Jungen. »Bei Mädchen muss man immer positiv bleiben«, meint er. »Wird es negativ oder kritisch, dann machen sie dicht, und dann kann man machen, was man will, das ändert man nicht mehr. Wenn Jungen verlieren, dann ist es nur ein Spiel … sie werden Hunderte Spiele machen während der Highschool, dann verliert man eben auch einmal. Mädchen nehmen eine Niederlage persönlich. Sie fragen sich dann sofort: ›Wieso spiele ich überhaupt Basketball?‹«

Debbie Hanney ist Direktorin der Lincoln Middle School, einer Mädchenschule in Rhode Island. Sie beobachtet häufig, dass Eltern sich auf der einen Seite bemühen, die Widerstandskräfte ihrer Töchter zu stärken, und auf der anderen Seite versuchen sie, sie vor jeder Niederlage zu bewahren. Erreicht ein Mädchen nur 64 von 100 möglichen Punkten, dann stehen sofort die Eltern auf der Matte und wollen wissen, wie die Tochter sich wieder verbessern oder ob sie den Test wiederholen könne. »Wir sagen dann, dass es doch nur eine Zensur von vielen ist, aber die Eltern heutzutage sind verständlicherweise schnell beunruhigt deswegen. Wir ermutigen sie, ihre Töchter auch Fehlschläge erleben zu lassen, aber das ist beinahe unmöglich.«

Er sitzt tief, dieser innere Drang, der uns dazu bringt, Mädchen vor Enttäuschungen und Schmerzen bewahren zu wollen. Die

Auswirkungen davon spüren wir später als erwachsene Frauen noch stärker. Wenn wir uns vor Augen führen, wie groß unsere Angst vor dem Scheitern ist, sei es nun vor einem echten Misserfolg oder auch nur vor einem kleinen Fehler, über den wir tagelang nachgrübeln, dann wird uns klar, dass diese Vermeidungsstrategie unsere Widerstandskräfte schon früh geschwächt hat. Wir hatten einfach nicht genug Gelegenheit, den Umgang mit Enttäuschungen zu üben, um sie heute zügig zu verarbeiten und wieder auf die Beine zu kommen. Aber, es ist nie zu spät. Wer lernt, mutig zu sein, trainiert auch seine Resilienz. In den folgenden Kapiteln erläutere ich, wie das geht.

Perfekt oder gar nicht

Mädchen, die zum ersten Mal zu unseren Girls-Who-Code-Kursen kommen, haben extreme Angst, vor den Augen der anderen zu versagen. Das berichten alle unsere Kursleiter.

Ein Beispiel: Ein Mädchen bittet die Kursleiterin um Hilfe, weil sie alleine nicht weiterkommt. Schaut diese sich dann den Bildschirm des Mädchens an, ist der Texteditor leer. Man könnte denken, das Mädchen habe die letzten zwanzig Minuten nichts anderes getan, als auf den Bildschirm zu gucken, aber die Leiterin weiß, dass das nicht so ist.

Deshalb drückt sie in solchen Fällen ein paar Mal auf die »Rückgängig-Taste«, dann sieht sie, dass die Schülerin Code geschrieben und wieder gelöscht hat. Sie hat es versucht. Sie war nah dran. Aber es war nicht ganz richtig. Und anstatt zu zeigen, wie weit sie gekommen ist, zeigt sie lieber nichts.

Perfekt oder gar nicht.

Dr. Meredith Grossman arbeitet als Psychologin auf der Upper East Side in Manhattan. Die Privatschulen hier stehen in starkem Wettkampf miteinander, man darf sicher behaupten, dass der Leistungsdruck an diesen Schulen höher ist als sonst irgendwo auf der Welt. Meredith Grossman hilft vielen Mädchen beim Umgang mit ihren Ängsten. Ich fragte sie nach ihren täglichen Erfahrungen.

»Es ist faszinierend zu beobachten, wie hart diese Mädchen arbeiten und wie sehr sie sich selbst unterschätzen«, sagte sie. »Ich arbeite mit vielen sehr intelligenten Mädchen, und was sie zu Papier bringen, ist besser als das, was die meisten Erwachsenen abliefern würden. Aber ich höre die ganze Zeit: ›Das kann ich so nicht abgeben!‹ Sie überarbeiten alles fünfmal. Lieber bitten sie um eine Verlängerung der Abgabefrist, als etwas einzureichen, das sie nicht perfekt finden.«

Haben sie den einen Absatz so lange überarbeitet, bis er perfekt ist, kommt der nächste dran. Dieser Kreislauf wird eigentlich nie durchbrochen, denn meistens zahlt sich dieser Perfektionismus aus. »Perfektion bringt neue Perfektion hervor«, erklärte Meredith. »Jedes Mal, wenn eine Schülerin bis zur Erschöpfung lernt oder einen Text fünfmal überarbeitet und dafür eine gute Note bekommt, verfestigt sich der Glaube, dass sie das immer wieder tun muss, um erfolgreich zu sein.«

Aus den Mädchen, die ihre Aufgaben erledigen und wieder und wieder überarbeiten, so lange, bis sie kaum noch aus den Augen gucken können, werden Frauen, die wieder und wieder eine E-Mail, einen Bericht oder auch nur eine einfache Geburtstagskarte umformulieren, bevor sie sie abschicken, nur um sicherzugehen, dass sie den richtigen Ton treffen. Oder Frauen, die wochenlang ein Abendessen planen oder den Familienurlaub, der allen gerecht werden soll. Frauen, die sich sechsmal umziehen, bevor sie das Haus verlassen. Wir überarbeiten, verbessern, verfeinern, um etwas ganz genau hinzubekommen, manchmal wie besessen oder so frustriert, dass uns gar nichts mehr gelingt.

Egal ob ich in einer New Yorker Privatschule oder in einem Bürgerzentrum in Scranton, Pennsylvania, spreche, jedes Mal stelle ich den Mädchen dieselbe Frage: »Wer von euch möchte perfekt sein?« Fast immer heben sich dann 99 Prozent der Arme. Den Mädchen ist das nicht unangenehm, nein, sie lächeln fröhlich. Sie *wissen*, dass sie perfekt sein wollen, und sie sind stolz darauf! Für diese Einstellung werden sie belohnt, und deshalb betrachten sie es als eine gute Eigenschaft. Wir sagen ihnen, dass sie klug sind, talentiert, hübsch und beliebt. Mädchen genießen solche Komplimente und fühlen sich dadurch ausgezeichnet wie durch einen Orden. Wen wundert es da, dass es zur Perfektion keine Alternative gibt?

Immer wieder erzählen mir Mädchen und junge Frauen, dass sie niemals Fotos in den sozialen Netzwerken einstellen würden, auf denen die Pose nicht perfekt ist und die sie nicht akribisch bearbeitet haben. Sie wiederholen die Aufnahme eines Bildes so lange, bis sie sicher sind, dass es schmeichelhaft aussieht. Eine Siebzehnjährige, die an einer leichten Sklerodermie, einer Autoimmunerkrankung, leidet, wodurch ein Stückchen Haut auf ihrer Stirn verhärtet ist, erzählte mir, dass sie manchmal bis zu einer Stunde braucht, um das perfekte Selfie hinzubekommen, auf dem diese verhärtete Stelle durch ihre Ponyfransen komplett verdeckt wird. Noch qualvoller wird das Ganze dadurch, dass der Trend gerade in die entgegengesetzte Richtung geht und dass das Posten von Fotos »ohne Filter« angesagt ist. Der Druck, das »perfekte unperfekte« Selfie *ohne* Filter zu machen, ist noch höher.

Mädchen wollen exzellente Zeugnisse, und sie geben ohne Umschweife zu, dass sie deswegen keine Kurse belegen, von denen sie nicht sicher sind, dass sie hier eine hohe Punktzahl erreichen können – selbst dann, wenn sie das Fach sehr interessiert. Das setzt sich am College fort, und hier schließen sich jetzt viele Türen für berufliche Karrieren, die ansonsten vielleicht den Traumberuf bedeutet hätten. Nicht zufällig schließen dreimal mehr Männer als Frauen ihr Wirtschaftsstudium ab. Die Harvard-Wirtschaftsprofessorin Claudia Goldin fand heraus, dass Frauen, die bei den Einführungskursen für das Wirtschaftsstudium nur ein B erreichen, viel wahrscheinlicher ihr Hauptfach wechseln als jene, die mit A abschließen. (Männliche Mitstudenten wechselten in diesem Fall nicht; wen interessieren schon Zensuren?)

Besonders große Angst haben Mädchen davor, dass sie dumm wirken könnten. Am bedrohlichsten für das perfekte Mädchen ist das strenge Urteil der anderen, es ist somit offensichtlich eines der größten Hemmnisse bei der Erwägung, ob man etwas Mutiges tut. Für Destiny war Mathematik immer eine Herausforderung. Aber durch die Jungen in ihrer Klasse wurde es noch schlimmer. »Wenn ich vorne an der Tafel stand und versuchte, eine Aufgabe zu lösen, dann riefen sie: ›Du bist echt dumm‹, oder sie lachten, und dann kam ich völlig durcheinander. Irgendwann hatte ich gar keine Lust mehr auf Mathematik. Warum soll ich mich anstrengen, wenn ich sowieso alles falsch mache und von den Jungen verspottet werde?«

Ich kenne das Gefühl. Ich sehe mich noch während meines Jurastudiums in Yale im Seminar für Verfassungsrecht sitzen, wo ich so gerne mitdiskutiert hätte, aber viel zu eingeschüchtert war. Ich war ein Mädchen aus Schaumburg in Illinois, sicher eine der ersten aus diesem Ort, die es an eine Ivy-League-Universität geschafft haben. Alle meine Kommilitonen erschienen mir so klug und wortgewandt, und ich kam mir im Vergleich so dumm vor. Also schrieb ich mir auf, was ich sagen wollte, überarbeitete es dann drei, vier oder sogar ein Dutzend Mal. Wenn ich dann endlich den Mut hatte, mich zu melden, war das Seminar meist vorbei.

Die Angst, einer Sache nicht gewachsen zu sein, beschränkt sich natürlich nicht nur auf das Klassenzimmer. Amanda hätte in der Highschool so gern Lacrosse gespielt, ließ es aber bleiben, weil sie »nicht sportlich« ist. In zwei Sätzen fasste sie eine Haltung zusammen, die ich in Dutzenden Variationen bereits gehört hatte: »Ich hatte Angst, es nicht gut genug zu können, also wollte ich es gar nicht erst ausprobieren.«

Es ist wichtig zu verstehen, dass für Mädchen jede Zensur jenseits einer 1+ bereits ein Misserfolg ist. Es gibt nur Schwarz oder Weiß: Entweder du bist absolut spitze oder absolut scheiße. Niederlagen sind für sie nicht nur schmerzlich – sie sind gigantisch, vernichtend und müssen um jeden Preis verhindert werden. Wenn Mädchen also nicht absolut spitze sein können, dann lassen sie's lieber ganz.

Das statische Selbstbild

Als Amanda sich entschied, das Lacrosse-Training nicht einmal auszuprobieren, wurde sie Opfer einer Denkweise, die die Stanford-Psychologin Carol Dweck in ihrem großartigen und erfolgreichen Buch *Selbstbild: Wie unser Denken Erfolge oder Niederlagen bewirkt* hervorragend beschreibt. Kurz gesagt unterscheidet Dweck zwischen zwei Glaubenssystemen, was eigene Begabung und Intelligenz betrifft.

Das erste entspringt einem *statischen Selbstbild*. Eine Person mit diesem Selbstbild glaubt, dass ihre Fähigkeiten angeboren sind und nicht veränderbar. Entweder ist man klug oder eben nicht, begabt oder unbegabt, sportlich oder unsportlich, und daran kann man im Grunde nichts ändern. Das zweite Glaubenssystem ist das *dynamische Selbstbild*. Es geht davon aus, dass Fähigkeiten erlernt werden können und sich entwickeln, wenn man sich bemüht, ganz unabhängig davon, mit welchen Begabungen und Talenten man auf die Welt gekommen ist.

Dies sind die Kennzeichen eines statischen Selbstbildes:

- Die Dringlichkeit, mit der sich jemand wieder und wieder beweisen muss.
- Große Ängste im Hinblick auf Fehlverhalten und Versagen.
- Zeigt ungern Schwächen.
- Betrachtet Unvollkommenheit als beschämend.
- Erwartet, dass alles sofort gelingt, ansonsten verliert derjenige sofort das Interesse daran und bedauert, es überhaupt versucht zu haben.
- Betrachtet Niederlagen als Maßstab für den eigenen Wert und definiert sich darüber.
- Absolute Fokussierung auf das Ergebnis. Was erreicht oder gelernt wurde, spielt keine Rolle. Wer nicht ins Ziel kommt, hat versagt. Und Versagen bedeutet, dass man nicht klug oder begabt oder gut genug ist.

Kommt Ihnen das bekannt vor?

Sagt man jemandem mit einem statischen Selbstbild, dass er oder sie klug oder talentiert ist, dann wird das für denjenigen Teil seiner inneren Wahrheit über sich selber. Das hört sich nach Förderung eines positiven Selbstwertgefühls an. Das Problem besteht aber darin, dass diese Person, die mit Lob über ihre vermeintlich angeborenen Fähigkeiten überschüttet wurde, jeden

Misserfolg als vernichtend erlebt. Weil sie jede noch so kleine Niederlage als Zeichen dafür deutet, dass sie doch nicht so klug und begabt ist, wie sie dachte.

Menschen mit statischem Selbstbild verlassen ungern die Komfortzone. Wie oft haben Sie sich darum gedrückt, spontan etwas Interessantes auszuprobieren mit der Ausrede: »Ich bin nicht der unternehmungslustige Typ«; oder Sie haben eine Einladung oder ein Angebot abgelehnt, weil »ich so etwas einfach nicht mache«? Da haben Sie das statische Selbstbild.

Es überrascht nicht, dass Mädchen anfälliger für ein statisches Selbstbild sind als Jungen. Dr. Dwecks Forschungen zufolge liegt das daran, dass Eltern und Lehrer Jungen weniger für das Ergebnis als viel mehr für den Lernprozess loben, also für ihre Anstrengungen, für das Ausprobieren verschiedener Lösungsansätze, dafür, dass sie dranbleiben und sich stetig verbessern. Mädchen bekommen dieses prozessbegleitende Lob nicht, und daher halten sie sich für dumm, wenn sie etwas nicht schaffen. Das wirkt sich stark auf unser späteres Leben aus, wenn wir schon die kleinsten alltäglichen Fehler als Hinweis auf unsere fundamentale Unzulänglichkeit werten. Wir haben vergessen, die Schulhefte für unsere Kinder zu besorgen = wir sind schlechte Mütter. Wir bekommen einen Strafzettel für ein kaputtes Blinklicht, das wir eigentlich reparieren lassen wollten = wir sind Volltrottel. Versagen wir, sind wir als Mensch weniger wert – dabei sollten wir uns und unsere Fähigkeiten doch eigentlich als *work in progress* begreifen.

Das Verhältnis von Mädchen zu MINT-Fächern macht beispielhaft deutlich, wie stark sie in einem statischen Selbstbild gefangen sind. Als Gründerin einer Organisation, die sich zur Aufgabe gemacht hat, Mädchen das Programmieren beizubringen, bekomme ich sehr häufig zu hören: »Ich bin einfach nicht gut in

Mathe«. Nehmen wir Destiny, die sich gestresst fühlt, weil die Jungs sich über sie lustig machen, wenn sie an der Tafel länger überlegen muss, oder die Mädchen, die im Kurs ihre Programmierversuche löschen – es ist nicht mangelndes Interesse an diesen Fächern, das sie zurückschrecken lässt, sondern die Annahme, dass sie es grundsätzlich nicht gut können. Wenn man ins Gesicht gesagt bekommt – oder auch nur auf sehr subtile Weise, wovon im nächsten Kapitel die Rede sein wird –, dass Jungs von Natur aus besser in Mathe und IT sind (was nicht stimmt) und Mädchen in den Geisteswissenschaften (was auch nicht stimmt), festigt das die Überzeugung, bestimmte Fähigkeiten in diesen Fächern zu haben oder nicht zu haben, und dass sich daran nichts ändern lässt.

Natürlich stimmt das nicht. Carol Dweck betont, dass niemand mit einem statischen Selbstbild geboren wird; im Gegenteil, der Wunsch, zu lernen und zu wachsen, ist in uns allen angelegt. Erst wenn Kinder mit Selbstbewertung beginnen (ich bin klug / nicht klug), entwickeln sie Angst vor Herausforderungen. Zum Glück können wir als Erwachsene unser Selbstbild wieder verändern, indem wir hier und jetzt damit beginnen, Mut einzuüben.

Zum Schweigen gebracht

Eines grauen Nachmittags im späten Januar saß ich mit einer Gruppe Highschool-Schülerinnen aus Harlem an einem Konferenztisch. Kim, die selbstbewussteste der Gruppe, hatte eine für ein Mädchen ihres Alters ungewöhnliche Präsenz. Alle äußeren Merkmale deuteten auf eine selbstsichere junge Frau hin, weshalb ich überrascht war, als sie uns Einblick in ihre innere Welt gab.

»Wenn wir Mädchen unsere Meinung sagen, werden wir niedergemacht, weil man uns dann für rechthaberisch hält«, sagte sie. »Vor allem, wenn ich mich für meine Rechte als schwarze Frau einsetze, raffen Jungs das nicht. Wenn ein Junge das tut, klar, dann ist er cool …, aber wenn ich es tue, dann bin ich bloß eine wütende schwarze Frau. Dann erzählen Jungs so richtigen Mist, zum Beispiel, dass sie nur hellhäutige Mädchen mögen. Wenn ich das dann kritisiere, winken sie ab, finden, dass ich nur rumlabere und nerve.«

»Aber du bist doch sehr offen«, sagte ich. »Hat ihr Verhalten Auswirkungen auf dich?«

»Also ehrlich … glauben Sie, ich habe Lust, für meine Meinung dauernd eins drauf zu kriegen?« Kim gab sich alle Mühe, tough zu wirken, aber ich konnte in ihrer Stimme ein leises Zittern wahrnehmen. Ihre Abgeklärtheit passte nicht ganz zu der Verletzlichkeit, die ich heraushören konnte. Sie atmete einmal tief durch und fasste sich, und dann erklärte sie, dass sie sich lieber zurückhalte als dauernd von den Jungs runtergemacht zu werden. »Alle denken, dass es mir nichts ausmacht. Aber das tut es«, sagte sie. »Ich hab das Gefühl, dass, egal was ich sage, es immer eine Riesendiskussion wird, und alle machen mit und sind gegen mich. Also lass ich es lieber.«

Die anderen sieben Mädchen am Tisch nickten zustimmend. Sei nicht zu selbstbewusst, halte dich zurück, und sag auf keinen Fall etwas, was sich wütend oder rechthaberisch anhört. Wir haben verstanden.

Schon von klein auf lernen Mädchen, ihre Wut im Zaum zu halten, anders als Jungen, die gelernt haben, sich für ihre Bedürfnisse einzusetzen oder sich zu wehren. Das erklärt, warum Mädchen (und Frauen) keinen Ärger verursachen möchten, warum sie ihre eigene Bedeutung herunterspielen und negative Gefühle herunterschlucken, sie wollen keine Konflikte, und sie wollen nicht großspurig wirken. Jene Fügsamkeit, für die Mädchen als Kinder belohnt werden, führt geradewegs hinein in die lebenslange Gewohnheit, die eigene Meinung nicht ungefiltert zu äußern und erst recht keine einsamen Positionen einzunehmen. Selbst wenn man Mansplaining und verbale Machtspielchen mal außer Acht lässt, überrascht es doch nicht, dass Frauen auf Konferenzen 75 Prozent weniger Redezeit in Anspruch nehmen als Männer.

Bescheidenheit – noch so eine Tugend, für die Mädchen gelobt werden – ist auch ein Grund, warum wir zurückhaltend und zaghaft sind. Kürzlich hörte ich von einer Abschlussfeier von Sechstklässlern in einer Vorstadt in Ohio. Einige Kinder wurden für ihre schulischen Leistungen oder ihr Engagement ausgezeichnet. Eine Mutter beschrieb mir die Szene: Gewann ein Junge einen Preis, schlenderte er angeberisch zur Bühne. Mehrere machten den »Dab« – eine Tanzfigur aus dem Hip-Hop, die professionelle Sportler im Siegesmoment einnehmen. Gewann ein Mädchen, presste sie in vorgetäuschter Überraschung die Hände vor den Mund als wolle sie sagen: *Wer, ich? Ich soll einen Preis bekommen?*

Also, warum »dabben« Mädchen nicht auch? Streitlust wird Mädchen besonders übel genommen, gleich danach kommt die Angeberei. Also schlagen sie die Augen nieder, nehmen sich zurück und machen sich klein. Blickt man zehn, zwanzig oder dreißig Jahre in die Zukunft, dann sieht man, dass aus Bescheidenheit ungesunde Zurückhaltung geworden ist. Wir heben unsere beruflichen Leistungen nicht hervor (vielleicht weil wir wissen, dass andere Frauen uns dafür verurteilen werden, so wie wir sie verurteilen würden). Unsere männlichen Kollegen hingegen posaunen ihre Erfolge in die Welt hinaus. In Gemeinschaftsprojekten halten wir unseren eigenen Beitrag für weniger wichtig als den unserer männlichen Teamkollegen, wie eine faszinierende Studie von Michelle Haynes von der University of Massachusetts und Madeline Heilman von der New York University zeigt.

Vanessa ist achtunddreißig und eine erfolgreiche Hautärztin. Sie gehört zu den Menschen, die Kompetenz geradezu ausstrahlen, niemals würde man vermuten, dass sie es schwierig findet, über ihre eigenen Leistungen zu sprechen. Sie war zur routinemäßigen Zahnreinigung bei ihrem Zahnarzt (älter, männlich). Nachdem der gehört hatte, was sie beruflich macht, erzählte er freimütig von seinem Sohn, der gerade die Facharztausbildung absolviere. »Ich saß da und hörte mir an, wie er weiter und weiter von seinem Sohn sprach, und dass ich den anrufen solle, weil der mir wahrscheinlich ein paar gute Ratschläge geben könne«, erzählte sie. »Und ich dachte, *geht's noch*? Ich habe eine eigene Praxis mit drei angestellten Ärzten und war von einer amerikanischen Zeitschrift unter die besten Ärzte des Landes gewählt worden. Ich saß da ganz still und traute mich nicht, ihm zu sagen, dass es umgekehrt *sein Sohn* sein sollte, der *mich* anrufen müsse, wenn er einen Rat brauche.«

In dieser Zwickmühle, wissend, dass wir einerseits bestimmt und selbstsicher auftreten müssen, wenn wir weiterkommen wollen, andererseits aber genau dafür mit Missbilligung überhäuft werden, agieren wir äußerst vorsichtig. Komplimente etwa winken wir bescheiden ab. Das ist auch ein echtes Problem von mir. Werde ich irgendwo als Rednerin vorgestellt, werden immer auch die Preise genannt, die ich bisher gewonnen habe. Komme ich dann auf die Bühne, mache ich einen Witz und sage, dass mein Vater das sicher so eingefädelt habe. Kein Mann würde so etwas jemals tun, das kann ich mir nicht vorstellen.

Zurückhaltend. Kontrolliert. Bescheiden. Gewissenhaft. Liebenswürdig. Unproblematisch im Umgang. Man kann sich schon vorstellen, dass all diese positiven Eigenschaften uns als Mädchen viel Lob bescherten, aber als erwachsene Frauen bringen sie uns nicht weiter.

Wenn Sie eine Mutter oder ein Vater sind und diese Zeilen lesen, dann denken Sie vielleicht: *Das hab ich bei meiner Tochter alles völlig falsch gemacht*; oder Sie denken jetzt, dass Ihre eigenen Eltern bei Ihnen versagt haben – darf ich Sie dann in beiden Fällen gleich unterbrechen? Der Perfektionsdruck, unter dem Mädchen stehen, kommt NICHT allein von den Eltern. Wir müssen begreifen, dass diese kulturellen Normen sehr tief verwurzelt sind und dass es schwer ist, sich davon freizumachen. Die Botschaften, die die Gesellschaft an unsere Mädchen sendet – und auch an deren Eltern –, verhindern das. Aber verzweifeln Sie nicht – es gibt Hoffnung, für Sie und für Ihre Tochter! Die Psychologin Dr. Meredith Grossman sagt: »Es geht nicht um das Versagen der Eltern. Es geht darum, diese verinnerlichten Glaubenssätze zu erkennen und sich dann davon frei zu machen und neu zu entscheiden.«

Wir können diese Angewohnheiten abwerfen und verlernen – und unseren Töchtern helfen, das auch zu tun –, dazu braucht es etwas Konzentration und Übung. Im dritten Teil stelle ich Ihnen meine besten Tipps, Ideen und Strategien dazu vor.

2

Der Perfektionskult

Wir leben in Zeiten von *Girl Power*. Ob Beyoncé mit ihren großartigen Songs, eine Ausnahmesportlerin wie Serena Williams oder supertaffe Roman- und Filmheldinnen wie Katniss Everdeen und Wonder Woman, unsere moderne Gesellschaft signalisiert den Mädchen, dass sie alles tun und sein dürfen, was sie wollen. Natürlich wollen wir, dass unsere Mädchen wissen, sie können alles erreichen, was sie sich in den Kopf setzen! Stimmt's?

Aber alle diese »positiven« Botschaften haben eine negative Seite. Unsere Vorbilder für Selbstermächtigung sind überlebensgroß, und für viele Mädchen steckt darin die Aufforderung, in allem brillieren zu müssen. Wir sagen vielleicht: »Du kannst tun und sein, was du willst«, aber sie hören: »Du *musst* alles tun und sein, was nur möglich ist«. Was wir als Inspiration meinen, begreifen sie als Erwartung.

Die psychische Gesundheit junger Frauen wird durch solchen Erwartungsdruck signifikant beeinträchtigt, konstatiert meine Freundin Rachel Simmons, Autorin des Bestsellers *The Curse of the Good Girl* (dt.: *Der Fluch des braven Mädchens*) und Expertin für die psychische Situation der Mädchen von heute. Depressionserkrankungen und Angststörungen nehmen bedrohlich zu, und sie glaubt, dass der Rollenkonflikt, mit dem Mädchen heutzutage leben müssen, mit dafür verantwortlich ist. »Es ist nur noch schwerer geworden, als Mädchen erfolgreich zu sein«, erklärt sie. »Wir haben kein neues Frauenbild erschaffen. Wenn man sechs Stunden am Tag in der Bibliothek sitzen und lernen soll, wie kann man dann auch noch einen trainierten Körper und ein erlebnisreiches Wochenende haben?« Mädchen müssen heutzutage nett und leidenschaftlich sein, zuvorkommend und wagemutig; kooperativ und initiativ; stark, aber auch hübsch. All das auf einmal, und weil wir in einer Kultur leben, in der Perfektion mühelos aussehen soll, muss das alles auch noch so wirken, als müssten sie sich dafür nicht anstrengen – nicht einmal ein bisschen.

Sophie ist das perfekte Beispiel. Sie ist fünfzehn, groß und schlank, hat makellose Haut und ein hinreißendes Lächeln, mit zwei makellosen Reihen strahlend weißer Zähne. Sie ist Fußballerin, seit der siebten Klasse spielt sie in der Schulmannschaft, in der achten Klasse spielte sie Belle in *Die Schöne und das Biest*, in der neunten wählte man sie in die Schülermitverwaltung – ein sehr umkämpftes und begehrtes Amt an ihrer Schule. Und natürlich hat sie in allen Fächern eine Eins. Wenn man sie kennenlernt, fällt sofort auf, wie selbstsicher und wortgewandt sie ist. Sophies Mutter Dina ist stolz auf ihre Tochter – aber zugleich sehr in Sorge. Sie berichtet davon, dass Sophie niemals zur Ruhe kommt, obwohl ihre Eltern sie immer wieder bitten, auch mal einen Gang runterzuschalten. Sie steht frühmorgens auf, geht vor der Schule schon ins Fitnessstudio, und abends bleibt sie oft bis nach Mitternacht wach, um ihre Hausaufgaben zu erledigen (und dabei trägt sie Zahnaufhellungsstreifen und Antipickelmasken). Andere Menschen denken, sie habe alles im Griff, nur ihre Familie bekommt mit, wie sie fast jeden Abend vor Frustration und Erschöpfung weint. Sophies gesamte Zeit und all ihre Energie investiert sie in Training, Lernen, Schülervertretung und in die Perfektionierung ihres äußeren Erscheinungsbildes – und mit Ausnahme ihrer Eltern blickt niemand je hinter diese perfekte Fassade.

Sei unerschrocken und mutig ... aber tritt niemandem auf die Zehen. Verfolge deine Ziele ... solange sie unseren Erwartungen entsprechen. Sag deine Meinung ... aber lächle dabei. Gib dich nicht mit weniger zufrieden, als dir zusteht ... aber frag höflich danach. Streng dich an ... aber lass es niemanden merken. In diesem Kapitel werden wir uns anschauen, was die Popkultur vom perfekten Mädchen erwartet, und was passiert, wenn es sich in Zeiten der *Girl Power* gegen diese Erwartungen auflehnt.

Hübsch wie die Mama

Wir erinnern uns: Nicht nur die Eltern sind schuld daran, dass unsere Mädchen Angst vor Niederlagen haben, Angst, ihre Meinung zu sagen oder aus der Reihe zu tanzen. Die gesellschaftlich akzeptierten Geschlechterrollen, mit denen wir – und unsere Eltern und deren Eltern – aufgewachsen sind, sind in unserer Psyche so tief eingraviert, dass es geradezu schockierend wäre, wenn sie in der Erziehung unserer Kinder nicht zum Tragen kämen. Um zu verstehen, wieso diese Rollenerwartungen weiterhin bestehen und wie sie sich von einer zur nächsten Generation fortsetzen, müssen wir uns unsere Kultur genauer anschauen.

Die kulturelle Indoktrinierung beginnt schon mit dem Spielzeug. Kinder erlernen Geschlechterrollen bereits mit dreißig Monaten, und Spielzeug und andere Produkte, die man ihnen anbietet, spielen dabei eine große Rolle. Studien zeigen, dass Spiele auf das Selbstbild und die Einschätzung der eigenen Fähigkeiten bei Jungen und Mädchen dauerhafte Auswirkungen haben, bis hin zu ihren Vorstellungen davon, wo sie sich als Erwachsene beruflich sehen. Man möchte kaum glauben, dass Kinderspiele einen derart großen Einfluss haben, aber es ist so. Das reicht weiter als Spielzeugautos oder Puppen und Rosa oder Blau. Die mit diesen Spielzeugen erlernten Fähigkeiten sind die Basis für das Geschlechternarrativ darüber, was Kinder mögen und worin sie gut sein »sollten«. Die meisten Spielzeuge und Spiele, die für Jungen angeboten werden, wie LEGO oder *Minecraft*, sind auf die Entwicklung der Grobmotorik (Rennen und Treten) und des räumlichen Denkens ausgerichtet, dazu gehört das 3-D-Visualisierungsvermögen, von dem man weiß, dass es die Leistungsfähigkeit in den MINT-Fächern bestimmt. Spielzeuge für Mädchen unterstützen dagegen eher die Ausbildung der Feinmotorik (zum Beispiel Schreiben und Basteln), die Sprachentwicklung und soziale Interaktion. Sollten Sie der Meinung sein, dass wir uns inzwischen gesellschaftlich doch weiterentwickelt haben müssten – Forschungsergebnisse der an der University of California Davis lehrenden Soziologin Elizabeth Sweet zeigen, dass das Gender-Marketing für Spielzeug heute noch ausgeprägter ist, als es bereits vor fünfzig Jahren war, als Diskriminierung und Sexismus so selbstverständlich Teil unserer Kultur waren wie der American Apple Pie.

Der enorme Einfluss von Spielzeug hat auch mit den vielen Prinzessinnen zu tun. Die Auswirkungen, die Prinzessinnen-Filme und Merchandise-Artikel auf Mädchen haben, ist in den letzten Jahren lebhaft diskutiert worden. Es erschienen viele Interviews und Artikel, aber am eindringlichsten wirkten die Ergebnisse einer Studie der Brigham Young University auf mich. Sarah M. Coyne, Professorin für Human Development, befragte 198 Vorschülerinnen und fand heraus, dass 96 Prozent der Mädchen sich auf die eine oder andere Weise mit der »Prinzessinnenkultur« befassen. Das kann nicht wirklich überraschen, aber es wird interessant, wenn man ihre Untersuchung derselben Kinder ein Jahr später betrachtet. Je mehr Prinzessinnenfilme Mädchen ansehen, je mehr sie mit Prinzessinnenspielzeug spielen, desto stärker entwickeln sie stereotypes weibliches Verhalten: Sie spielen ruhig und friedlich, vermeiden es, sich dreckig zu machen, sie sind gehorsam, passiv, körperlich schwach, und sie finden es erstrebenswert, fürsorgend, dünn, hübsch und hilfsbereit zu sein. Und diese Einstellung bleibt uns dauerhaft erhalten, egal ob wir es merken oder nicht. Eine ähnliche Studie zeigt, dass erwachsene Frauen, deren Selbstbild der »Prinzessin« entspricht, weniger interessiert an Karriere sind, dass sie bei Herausforderungen schneller aufgeben und oberflächliche Qualitäten wie Aussehen höher bewerten.

Es folgt ein besonders erschreckendes Beispiel dafür, welche Botschaften die Mädchen aus der Spielzeugwelt erreichen. 2014 veröffentlichte Mattel ein Barbie-Buch mit dem Titel *I Can Be a Computer Engineer* (dt.: *Ich wäre gern Computer-Expertin*). Hört sich doch motivierend an, oder? Warten Sie's ab. Nach den ersten paar Seiten unterhält sich Barbie mit ihrer kleinen Schwester Skipper über ihren Roboterhund. Skipper sagt: »Dein Roboterhund ist so süß. Kann ich auch so einen bauen?« Barbie lacht und sagt: »Ich entwerfe nur das Design. Damit es wirklich funktioniert, brauche ich die Hilfe von Steven und Brian.«

Nein, das ist kein Witz.

Kurz gefasst sagt Barbie allen Mädchen: »Ihr seid weder gut genug noch klug genug. Computer sind Jungssache, wenn ihr also etwas Technisches bauen wollt, dann braucht ihr deren Hilfe.« Barbie postuliert hier einige der schlimmsten Stereotype, mit denen Mädchen und Frauen im Technologiebereich konfrontiert werden.

Irgendwann hören wir auf zu spielen, das Spielzeug verschwindet, aber jetzt grätscht die Populärkultur hinein und kümmert sich um die Verfestigung der Geschlechterkonstrukte. Fast den ganzen Tag über werden Kinder geradezu bombardiert mit Bildern und Botschaften, die ihnen wenig subtil suggerieren, was von ihnen erwartet wird und wie sie sich verhalten sollen. Diese Botschaften finden sich überall, in der Mode, in Filmen und in Schlagzeilen. Im Schaufenster von Gymboree sehen Kinder T-Shirts, auf denen HÜBSCH WIE MAMI und KLUG WIE DER PAPA steht. Sie sehen ältere Mädchen im Teenageralter (die sie bewundern), die ein T-Shirt von Forever 21 tragen, auf dem ALLERGISCH GEGEN ALGEBRA steht. Im Internet sehen sie ein Video, in dem eine Schulleiterin aus South Carolina ihren Schülerinnen erklärt, dass sie Größe 0 oder 2 haben müssen, wenn sie Leggings anziehen wollen, ansonsten wären sie zu dick dafür. Und sie hören, wie die Präsidentschaftskandidatin Hillary Clinton eine »böse Frau« genannt wird, weil sie in einer Debatte eine deutliche Meinung vertritt.

Jeder weiß, dass in den Medien und in der Populärkultur für Männer ein ganz anders Bild gezeichnet wird. Ob in den Marvel-Superheldenfilmen oder in der HBO-Serie *Silicon Valley*, in der Computer-Nerds die klassichen Vorurteile bedienen – verklemmt, verkopft, ungelenk –, sie verstärken die Botschaft, die Jungen von früh an erhalten: dass sie draufgängerisch und mutig sein müssen – körperlich, intellektuell und auch sonst. Das ist nichts Neues, aber es wird interessant, wenn wir die direkte Verbindung zwischen diesen verinnerlichten Botschaften über Männlichkeit und männlichem Verhalten erkennen. Ein Forscher der Berkeley's Haas School of Business an der University of California evaluierte die Risikofreudigkeit seiner Probanden beim Glücksspiel. Dann ließ er sie einen Text über »Männlichkeit« lesen. Danach testete er sie wieder. Allein das Lesen über Männlichkeit steigerte die durchschnittliche Risikobereitschaft dieser Männer erheblich.

Die Komikerin Amy Schumer postete auf Instagram das Foto eines Zeitungsstands, auf dem die eklatant unterschiedlichen Botschaften, die Jungen und Mädchen erhalten, gut zu erkennen waren. Das *Girl's Life*- und das *Boy's Life*-Magazin lagen direkt nebeneinander. Auf dem Cover des *Boy's Life*-Heftes stand fett gedruckt neben zahlreichen Fotos von Flugzeugen, Feuerwehrhelmen, Mikroskopen, Computern und einem menschlichen Gehirn »Auf in die Zukunft«. Das Cover des *Girl's Life*-Heftes zeigte eine niedliche Blondine, umgeben von Slogans wie »Wach auf, Süße!«, »Coole Herbstmode für dich: 100+ Tricks, um am ersten Tag groß rauszukommen« und »Bestes. Jahr. Aller. Zeiten. Spaß haben, Freund*innen finden und nur Einsen in der Schule«. Man könnte das für kuriose Vintage-Cover aus den 1950er-Jahren halten, aber nein, sie wurden ohne jeden Hauch von Ironie allen Ernstes im Jahr 2017 veröffentlicht. Schumers kurzer Kommentar dazu brachte meine Empörung auf den Punkt: »Nein.«

Während der Recherche für dieses Buch stieß ich auf shortstoryguide.com, eine Website, die Lehrern und Schülern an Mittel- und Oberschulen dabei helfen soll, nach Themen sortierte Schullektüren zu finden. Ich tippte *Mut* ein. Von den aufgelisteten siebzehn Geschichten hatten nur vier eine weibliche Protagonistin. Eine handelte von einer Prinzessin, die vorgibt, sich zu schämen, einen Löwen erschossen zu haben, nachdem er sie angefallen hatte. In einer anderen muss eine angehende Astronomin »während der Charreada, einem mexikanischen Rodeo, ihrer Familie helfen. Sie ist gefangen zwischen ihren eigenen Wünschen und der Familientradition«. Die männlichen Protagonisten in den anderen Geschichten setzen sich hingegen mutig mit gewalttätigen Gangs und einem Nazi-Spion auseinander, sie jagen Bären und erobern ein Russisches Fort – frei von jeder Scham oder familiären Verpflichtungen.

Eine Übersicht, die der *Observer* zusammen mit Nielsen erstellt hat, listet die einhundert erfolgreichsten Kinderbücher im Jahr 2017. Sie offenbarte sexistische Klischees, die sich auch in der modernen Literatur hartnäckig halten. Männliche Figuren übernehmen doppelt so häufig die führende Rolle, weibliche assistieren; handelt es sich um Tiere, dann sind die mächtigen und gefährlichen Bären, Drachen und Tiger meist männlich, und die verletzlicheren Tiere wie Vögel, Katzen und Insekten sind weiblich. In einem Fünftel dieser Bücher kommen überhaupt keine weiblichen Charaktere vor.

Jungen und Mädchen orientieren sich an dem, was sie sehen, und auch an dem, was sie nicht sehen; die Kinderrechtsaktivistin Marian Wright Edelman formulierte es so: »Du wirst nicht zu dem, was du nie siehst«. In Filmen findet sich immer wieder das folgende Motiv: Der verklemmte Typ, der überall abgelehnt wird und später zu einer Art Mark Zuckerberg wird. Ein vergleichbares Narrativ für Frauen gibt es nicht. Wir grübeln und diskutieren, warum sich nicht mehr Mädchen für Technik interessieren, und ein entscheidender Grund dafür könnte der »Brogrammer« (zusammengesetzt aus Brother / Bruder und Programmer / Programmierer) sein – der brillante, aber verklemmte weiße Typ im Hoody, der von Computern völlig besessen ist. Sobald Mädchen ihn sehen, sagen sie sich: »Äh, nein danke, so will ich nicht sein.«

Sie lassen sich stattdessen von Frauen unterhalten, die sich gegenseitig in den Rücken fallen, die rumkreischen und dabei über Tische gehen wie in *The Housewifes of New Jersey* (und *New York* … und *Beverly Hills* … und *Atlanta*) oder sich wie bei *Der Bachelor* stutenbissig bis zur Zeremonie mit der letzten Rose durchkämpfen. Unnötig zu betonen, dass dies nicht die besten Rollenvorbilder sind. Frauen mit Power werden in Filmen meist als kalte, gnadenlose Bitches dargestellt, wie Daenerys Targaryen in *Game of Thrones* und Cheryl Blossom in *Riverdale*, oder als durchgedrehte Weiber wie Francis McDormand als trauernde Mutter in *Three Billboards outside Ebbing, Missouri* oder wie Viola Davis als ausgezeichnete, aber verunsicherte Rechtsanwältin in *How to Get Away with Murder*.

Die Darstellung mutiger Frauen ist häufig beinahe comichaft. Zugegeben, es gibt den großartigen *Wonder-Woman*-Film mit einer starken und liebenswürdigen Heldin, die zwölf Sprachen beherrscht und buchstäblich keine Ahnung hat, wovon die Männer sprechen, die ihr sagen, dass sie irgendetwas nicht tun könne; aber sie ist eine Superhelden-Halbgöttin, nicht wirklich messbar mit menschlichen Maßstäben. Das Gleiche gilt für Bella in der *Twilight*-Serie; über drei Viertel der Geschichte ist sie eine sanfte und bedürftige Sterbliche, übernatürliche und zerstörerische Kräfte erlangt sie erst, nachdem sie zur Vampirin geworden ist. In der Neuverfilmung des Kultfilms *Tomb Raider* gibt Alicia Vikander eine knallharte Lara Croft, aber wie viele Frauen kennen Sie im wirklichen Leben, die Flugzeugabstürze überleben, mit dem Fallschirm einen Wasserfall hinabspringen und einen Maschinengewehrangriff mit Pfeil und Bogen parieren – und die zugleich in Tarnfarben chic und sexy aussehen?

Es ist wichtig, dass man auch normale Menschen auf der Leinwand sieht; das zeigt die große Begeisterung, die sich im Netz verbreitete, als bekannt wurde, dass Jodie Whittaker die erste weibliche Dr. Who sein würde. Nachdem ich mit dreizehn Jahren Kelly McGillis in *Angeklagt – The Accused* als beinharte Staatsanwältin gesehen hatte, wollte ich auch Anwältin werden. Zum ersten Mal sah ich einen Film mit einer weiblichen Hauptperson, die sich entschlossen und mutig gegen mächtige Männer zur Wehr setzte. Beim Verlassen des Kinos sagte ich zu meinem Vater: »Dad, so möchte ich auch sein.«

Ist es nicht wunderbar, dass aufgrund von *Hidden Figures – Unerkannte Heldinnen* so viele jungen Mädchen heute wissen, wer Katherine Johnson ist, und dass Wissenschaftlerin bei der NASA für sie durchaus eine Karriereoption ist! Das sind die realen Vorbilder, die wir für unsere Mädchen brauchen.

#perfectgirl

Das Trugbild der absoluten Perfektion wird vermutlich am stärksten durch soziale Medien transportiert. Bis zu neun Stunden am Tag scrollen Mädchen durch die endlosen Feeds ihrer Freund*innen und deren makellose Fotos und Posts – natürlich bearbeitet und mit Filter. Die Welt soll sehen, wie beliebt, sorgenfrei, klug, hübsch und cool sie sind.

Um manche der Millennial-Frauen, mit denen ich gesprochen habe, hatte ich richtig Angst. Ich fand erstaunlich, wie gnadenlos, aber zugleich völlig selbstverständlich sie den Druck empfinden, in ihrem Online-Leben mit einem perfekten Image auftreten zu müssen – das ging deutlich über das hinaus, was ich erwartet hatte. Selbstdarstellung ist für sie zur Obsession geworden; das perfekte Foto zu schießen und danach zu bearbeiten, nimmt mehr als jede andere Tätigkeit ihre Zeit in Anspruch. Ich war dabei, als eine Gruppe Mädchen Mitte zwanzig darüber diskutierte, wer von ihnen es mit der Besessenheit am weitesten trieb; sie schwankten zwischen Sasha, die jeden Morgen vor dem Spiegel ihr Fotogesicht übt, um zu sehen, was am besten zu ihrem »Look« des Tages passt, und Layla, die ihren Freund regelmäßig bei Sonnenaufgang weckt, um sich von ihm beim frühmorgendlichen Foto-Shooting im schmeichelhaftem Licht der Dämmerung in Szene setzen zu lassen. Andere Mädchen erzählten davon, dass sie sich von einem »hässlichen« Foto verfolgt fühlten, das jemand von ihnen gepostet hatte, oder davon, wie panisch genau sie jede Kleinigkeit, die sie täten, positiv dokumentieren müssten, um in den Augen ihrer Freund*innen weiterhin eine Rolle zu spielen.

Vielleicht, um sich ein Gespür für ihr wahres Ich zu erhalten, spalten sie sich buchstäblich in zwei Personen auf: in eine makellose, gewissenhaft designte Online-Persönlichkeit und in ihr wahres Ich. Manche unterhalten separate Instagram- oder Snapchat-Accounts, und ausschließlich in ihren privaten Accounts, auf die nur enge Freund*innen Zugriff haben, posten sie auch mal Fotos in Jogginghosen, teilen ein albernes Video, in dem man sieht, wie sie den Hoop-Dance üben (das ist wirklich nicht ohne) oder posten, wie traurig sie über das Ende einer Beziehung sind.

Ihnen ist bewusst, dass diese Identitätsspaltung ungesund ist, aber sie sehen sich nicht imstande, daran etwas zu ändern. Optimistisch und hübsch: Das erwartet man von ihnen, und wenn sie nicht mitmachen, dann werden sie dafür abgestraft. Anna, eine fünfundzwanzigjährige Studentin im letzten Semester, benutzte die Formulierung »Negativity Shaming« für die harschen Reaktionen, die kommen, wenn etwas zu Trauriges oder Ungeschöntes gepostet wird. Anna erzählte von der schweren Zeit nach der Trennung von ihrem Freund; sie postete etwas darüber, wie niedergeschlagen sie sei, und anstatt dass sich jetzt alle zusammentaten, um sie zu trösten, wurde kommentiert, sie sei »superanstrengend«. Nach weniger als einer Stunde löschte sie den Post.

Mädchen finden es sicherer und leichter, nur das zu posten, wofür sie viele Likes bekommen, denn Likes sind ihre Währung. Je genauer man sich an die Regeln hält, desto mehr Follower und Likes bekommt man, und das Perfekte Mädchen fühlt sich umso wichtiger, je mehr Follower und Likes es hat. Selbstdarstellung ist alles.

Ebenso der Vergleich. Laut Catherine Steiner-Adair, Psychologin und Autorin von *The Big Disconnect: Parenting, Childhood, and Family Connections in the Digital Age* (dt.: *Getrennte Verbindung: Elternschaft, Kindheit und Familienbande im Digitalen Zeitalter*) erhöht sich nach nur neun Minuten, die ein Mädchen durch die Profile und Fotos von anderen scrollt, ihr Stresslevel. Ihre Angst, etwas zu verpassen, ist sehr, sehr real. Durch einen Post von einem fröhlichen Treffen, an dem sie nicht teilgenommen hat, fühlt sie sich unerwünscht und ausgegrenzt, jedes perfekt bearbeitete Foto gibt ihr das Gefühl, selbst durch und durch unzulänglich zu sein. Ohne Pause läuft dieser endlose Wettkampf: *Wer hat die meisten Follower, wer die Fotos mit den meisten Likes* und so weiter. Nur damit Sie mich nicht falsch verstehen: Ich bin zweiundvierzig Jahre alt, und selbst ich aktualisiere meinen Instagram-Account ununterbrochen, um zu sehen, wie viele Likes ich habe.

Catherine hat ein Mädchen interviewt, das mit seiner Familie häufig schöne Reisen unternimmt. Das Mädchen erzählte: »Ich hatte einen so tollen Urlaub, bis ich sah, wohin ein anderes Mädchen fuhr. Plötzlich dachte ich: Sind wir etwa arm?« Catherine hielt das zunächst für Spaß, aber das war es nicht. »Natürlich sind das Luxusprobleme, aber die Vorstellung, dass allein durch den Vergleich mit anderen die Begeisterung für diesen tollen Familienurlaub abnimmt, ist schrecklich traurig«, sagte sie.

Das Ganze hat eine weitere sehr hässliche Seite: negative Auswirkungen, die von Schmerz und Beschämung bis hin zu ernsthaften psychischen Problemen reichen können. Shaming und Mobbing sind nichts Neues, und auch in den sozialen Medien sind sie nicht neu. *Neu* ist allerdings, wie früh das losgeht. Heutzutage haben schon siebenjährige Mädchen einen Account bei Instagram, Facebook oder Snapchat. Sie sind viel zu jung, um mit der Verurteilung, der sie hier ausgesetzt sind, umgehen zu können. Die Mutter einer Zehnjährigen erzählte mir, dass ihre Tochter vor zwei Jahren erstmals etwas auf Instagram postete: eine Schüssel mit Schokoladeneis. Ein Mädchen aus der Schule kommentierte: »Ihhh … ist das Kacke?« Beschämt und gedemütigt hat ihre Tochter seither nie mehr etwas gepostet.

Eine andere Mutter erzählte mir unter Tränen, dass ihre Dreizehnjährige mit Essstörungen zu kämpfen hat, seit sie ein Bikinifoto von sich gepostet hat. Ein paar Jungen machten einen Screenshot davon und schickten das Bild herum mit dem Untertitel »Schwein im Bademantel«. Gerade erst habe ich von einem entsetzlichen Snapchat-Trend gehört, bei dem Teenager darum wetteifern, wer die grausamste Bemerkung über den Charakter oder das Aussehen eines anderen machen könne.

Als hätten Mädchen noch nicht genug Druck, können viele nicht widerstehen und loggen sich auf Sites wie www.prettyscale.com ein, um dort Fotos von sich hochzuladen und dann die versprochene Antwort auf die Frage: »Bin ich schön oder hässlich?« zu bekommen (das Kleingedruckte darunter warnt: »Bitte nimm nicht teil, wenn du bereits Probleme mit geringem Selbstwertgefühl und Selbstvertrauen hast«, was eigentlich alle Vorpubertierenden und Teenager ausschließt), oder sie nutzen Sites, auf denen man anonym bleibt, wie ask.fm, Kik und Voxer. Wenig überraschend sind solche anonymen Sites Nährboden für grausames Cybermobbing, das bereits zu tragischen Selbstmorden geführt hat, wie bei der zwölfjährigen Rebecca Ann Sedwick, die sich das Leben nahm, nachdem sie durch Mitschüler immer wieder dazu gedrängt worden war. Es bricht einem das Herz. Wir müssen uns in Mut üben, denn es ist wichtig, dass wir der kommenden Generation zeigen, wie man trotz solcher Konfrontationen und Herausforderungen eigene, gesunde Entscheidungen trifft.

Umprogrammierung

Wenn wir uns all das anschauen, dann wird klar, dass erwachsene Frauen darauf programmiert sind, auf Nummer sicher zu gehen und in allem perfekt zu sein – und dass wir einen hohen Preis dafür bezahlen. Als funktionierten wir nach einem Code, den man dem Perfect Girl einst einprogrammiert hat. Aber bitte glauben Sie einer Frau, die das ein oder andere über Programmierung weiß: Jeden Code kann man ändern oder neu schreiben – also auch jenen, der vorgibt, ob wir perfekt sein wollen oder mutig.

3

Perfektion 3.0: Wenn das Perfect Girl erwachsen wird

»Wäre das Leben eine Grundschule, dann gehörte den Mädchen die ganze Welt.«

Dieses berühmte Zitat von Carol Dweck zielt auf uns ab, die wir auf ein Leben als Perfect Girl vorbereitet wurden. Natürlich hat sie recht: Zu Schulzeiten spielt uns das Streben nach Perfektion in die Hände, aber in der echten Welt gibt es keine Einsen. Irgendwann sind wir erwachsen, und dann merken wir sehr schnell, dass die Regeln andere sind; plötzlich läuft es nicht mehr so, wie wir es gelernt haben. Verhaltensweisen, die uns früher Lob einbrachten – nett sein, höflich und liebenswürdig –, für die müssen wir jetzt zahlen, sowohl buchstäblich als auch im übertragenen Sinne.

Nettsein verschafft uns keine Beförderung und keinen einflussreichen Job – und sowieso keine Gehaltserhöhung. Unsere übertriebene Zuvorkommenheit führt zu Lebensumständen und Beziehungen, in denen wir nicht unbedingt sein wollen. Dazu erzogen, zurückhaltend zu sein, fallen wir Onkel Joe nicht ins Wort, wenn er wieder einen seiner rassistischen Witze erzählt, und wir beschweren uns nicht, wenn ein Kollege unsere Idee als die seine ausgegeben hat; doch zurück bleibt ein schales Gefühl. In der Schule lieb und supersorgfältig zu sein, bringt uns im Klassenzimmer womöglich goldene Sternchen ein, aber in der echten Welt interessiert das niemanden mehr.

Einmal fragte mich auf einer Konferenz in Kalifornien eine Frau: »Wieso sollte ich mich nicht um Perfektion bemühen, wenn in dieser Welt Perfektion doch belohnt wird?« Ich antwortete, dass man in der Schule oder an der Universität wahrscheinlich für Perfektion belohnt werde, aber nicht in der echten Welt. Die »echte« Welt belohnt Mut.

Perfektionsstreben scheint eine kluge Vorgehensweise zu sein, aber wir brauchen Mut, um den »vorgegebenen« Weg zu verlassen und unsere eigenen Pfade einzuschlagen. Mit Perfektion gewinnen wir die Gunst unserer Kolleg*innen, aber um uns gegen Sexismus oder Rassismus am Arbeitsplatz zu wehren, dazu brauchen wir Mut. Ein Abschluss mit Auszeichnung, das perfekte Outfit beim Vorstellungsgespräch und ein charmantes Lächeln öffnen uns viele Türen, aber damit unsere Arbeit anerkannt wird und wir es nach oben schaffen, dafür brauchen wir Mut. Mit der perfekten Frisur und einem perfekten Körper finden wir sicher ein Date, aber eine Frau, die sich verlieben will, die muss mutig sein, vor allem wenn ihr bereits einmal das Herz gebrochen wurde. Eine perfekte Mutter genießt die stillschweigende Zustimmung der anderen Mütter auf dem Spielplatz, aber wir brauchen Mut, um unseren Kindern die Freiheit zu geben, die Welt zu erkunden und Fehler zu machen, obwohl wir sie eigentlich immerzu beschützen möchten. Perfektion schenkt uns schöne, aber flüchtige Momente, Mut dagegen trägt uns durch schwierige Zeiten und hilft uns, auch große Verluste zu verschmerzen. Wenn wir mutig sind statt perfekt, dann wird unser Leben nicht nur so *wirken*, als wäre es gut, es wird wahrhaftig sein, freudvoll, überraschend und ganz uns selbst gehören.

Wie bin ich hier gelandet?

»Bis ich Ende zwanzig war, wusste ich nicht einmal, dass ich im Leben eine Wahl habe«, erzählte mir Ruth. In einem Nagelstudio saßen wir zufällig nebeneinander und führten eines dieser ungewöhnlich offenen Gespräche, wie vollkommen Fremde es manchmal tun. Der für Ruth vorgesehene Weg sah vor, dass sie Lehrerin wird, heiratet, Kinder bekommt und dann zu Hause bleibt, um sie großzuziehen. Das hatte sie früh begriffen. Sie kam nicht einmal auf den Gedanken, dass es andere Optionen geben könnte – bis sie achtundzwanzig war und eine Freundin dem Peace Corps beitrat und nach Südamerika ging. »Plötzlich dachte ich, sag mal, könnte ich so was auch machen?« Jetzt, mit zweiundsechzig, fragt Ruth sich manchmal, wie ihr Leben wohl verlaufen wäre, wenn sie mehr in sich hineingespürt und sich gefragt hätte, was sie wirklich will.

All diese Lektionen, die wir als kleine Mädchen lernen, haben sichtbare Auswirkungen auf unsere Lebensentscheidungen. Viele von uns sind dazu erzogen, anderen gefallen zu wollen – zunächst und am stärksten unseren Eltern –, und so folgen wir dem »vorgezeichneten« Weg, ohne infrage zu stellen, ob er überhaupt zu uns passt.

Das kann, wie bei Ruth, bedeuten, zu heiraten und Kinder zu kriegen; andere hingegen arbeiten unermüdlich, um Karriere zu machen. Ich beobachte das oft bei Töchtern von Immigranten, zum Beispiel bei Yara, deren Vater in einer kleinen Stadt in den Niederlanden aufgewachsen war, wo er auf einem Ausklappbett hatte schlafen müssen. »Als er seine Familie in die USA nachholte, gab es überhaupt nichts daran zu rütteln – gar nichts –, dass ich in allem erfolgreich sein musste«, sagt sie. »Aus diesem Grund war er hierhergekommen.«

Julianne kommt aus einer asiatischen Immigrantenfamilie. Auch mit einunddreißig hadert sie noch damit, dass ihre Familie ihre Berufswahl nicht gutheißt. Nach dem Wunsch ihrer Eltern sollte sie Ärztin werden, aber im Laufe des Studiums wurde ihr klar, dass sie das nicht für den Rest ihres Lebens machen wollte. Also brach sie das Studium ab und entschied sich für ein Fach, das ihr wirklich gefiel. Ein Teil von ihr fühlt sich bis heute deswegen als Versagerin. »Bei jedem Familientreffen spüre ich diesen passiv-aggressiven Unterton … ›Warum hast du das gemacht … konntest du nicht bei Medizin bleiben?‹«

Als Tochter indischer Einwanderer kenne ich das nur zu gut. Ich dachte, wenn ich alles perfekt mache, überall Einsen bekomme, die Beste im Debattierklub bin und Jahrgangsbeste auf dem College, dass dann all die Opfer, die meine Eltern als Flüchtlinge gebracht hatten, nicht umsonst gewesen wären. Obwohl ich eigentlich in den Staatsdienst wollte, entschied ich mich also für die Arbeit in einer großen Anwaltskanzlei, wohl wissend, dass ich damit nicht nur die Zustimmung, sondern auch die Anerkennung meines Vaters gewinnen würde.

Ich mochte diesen Job nicht, aber das behielt ich für mich. Ich machte weiter und bekam eine gut bezahlte Stelle bei einem renommierten Finanzunternehmen, obwohl Geldverdienen für mich immer nur Mittel zum Zweck war (also, um meinen Studienkredit abzubezahlen und dann wirklich etwas zu bewegen). Aber meine Entscheidungen gingen immer in dieselbe Richtung, Sprosse für Sprosse stieg ich die Karriereleiter hinauf und wurde von Tag zu Tag unglücklicher. Meine gesamte Freizeit bestand aus ehrenamtlichen Jobs und dem Einsatz für politische Kampagnen, aber mein Brotjob im Finanzwesen hatte damit überhaupt nichts zu tun. Mit Anfang dreißig erwachte ich morgens manchmal zusammengekrümmt wie ein Fötus. Mir wurde immer klarer, wie bedeutungslos meine beruflichen Erfolge eigentlich waren. Von außen betrachtet konnte man denken, dass ich es geschafft hatte, aber in Wirklichkeit war ich sehr weit entfernt von dem, was ich wollte.

Das war eine schwere Zeit. Nach der Arbeit war ich körperlich und seelisch erschöpft. Zu Hause zog ich Jogginghosen an, schenkte mir ein Glas Wein ein, stellte CNN an und weinte. Ich steckte in einer Sackgasse und hatte keine Ahnung, wie ich da wieder herauskommen sollte – denn vorm Kündigen hatte ich Riesenangst.

Bis zu jenem Tag im Jahr 2008, an dem sich alles änderte.

Ich weiß noch genau, dass es einer dieser stickig-heißen Augusttage in New York war, an denen die Straßen sich aufzulösen scheinen und man auf dem Bahnsteig der U-Bahn das Gefühl hat, geröstet zu werden. Ich saß in meinem hermetisch abgeschlossenen, per Klimaanlage heruntergekühlten Büro in der achtundvierzigsten Etage in Midtown Manhattan, trug ein maßgeschneidertes blaues Kostüm und extrem unbequeme Schuhe mit zehn Zentimeter hohen Absätzen und versuchte, die Tränen zurückzuhalten. Selbst mein nachmittäglicher Cappuccino schmeckte nach Angst und Verzweiflung.

Knapp zwei Monate zuvor war ich in Washington D.C. gewesen, um meiner Mentorin Hillary Clinton beizustehen. Sie hatte gerade das Rennen um die Nominierung als Präsidentschaftskandidatin der Demokraten gegen Senator Barack Obama verloren. Ich war einer ihrer vielen freiwilligen Kampagnenhelfer gewesen, wir alle waren niedergeschlagen und ernüchtert. Während Hillary ihre Niederlage in einer Rede öffentlich eingestand, liefen mir die Tränen übers Gesicht. Eine ihrer Aussagen hatte mich besonders berührt: dass wir unsere Ziele und Träume nicht aufgeben sollten, nur weil sie geschlagen war. Ich hatte das Gefühl, als spräche sie direkt zu mir.

An diesem drückend heißen Tag im August dachte ich über Hillarys Rede nach – wie schon so oft in den vergangenen Wochen –, als mein Telefon klingelte. Es war Deepa, eine meiner besten Freundinnen. Sie kannte mich schon als Studentin, damals glaubte ich noch daran, dass ich tun und werden könnte, was ich nur wollte (sie erwischte mich einmal dabei, wie ich auf dem Balkon meine Antrittsrede als Präsidentin übte). Wie freute ich mich, ihren Namen im Handydisplay zu sehen! Ich ging durch das stille, düstere Büro in einen der fensterlosen Konferenzräume am hinteren Ende, zog den Sichtschutz vor, schüttelte die schrecklichen Highheels ab und nahm den Anruf an. In dem Moment, als ich Deepas Stimme hörte, löste sich ein Strom von Tränen. Wahrscheinlich klang ich ziemlich wirr, während ich ihr schluchzend und hicksend erzählte, dass ich in dieser Firma nicht mehr länger bleiben könne … dass mein Leben so keinen Sinn habe. Sie hörte mir geduldig zu, und als ich fertig war, wartete sie einen Augenblick und sagte dann ruhig und nüchtern: »Dann kündige.« Vielleicht hatten mich Hillarys Widerstandskraft und Stärke inspiriert oder die Tatsache, dass meine beste Freundin mir zu etwas riet, vor dem ich riesige Angst hatte, aber zum ersten Mal seit langer Zeit verspürte ich wieder so etwas wie Hoffnung.

Kurze Zeit später nahm ich all meinen Mut zusammen und rief meinen Vater an, um ihm zu sagen, dass ich meinen Job aufgeben und für den Kongress kandidieren würde. Ich befürchtete, dass er versuchen würde, es mir auszureden, denn hätte er meinen Plan missbilligt, hätte ich ihn aufgegeben. Als ich seine Nummer wählte, zitterten mir die Hände; ich war wild entschlossen und wollte auf keinen Fall, dass ich mit meiner Entscheidung ins Wanken geriet. Wissen Sie, was er sagte? »Das wird aber auch Zeit!« Noch nie war ich so stolz gewesen, die Tochter dieses Mannes zu sein, wie in diesem Moment – und wie sehr ärgerte ich mich, dass ich nicht früher mit ihm über meine Situation gesprochen hatte. Eigentlich wurde genau jetzt sein amerikanischer Traum Wirklichkeit, in dem Moment, in dem ich begann, meinen Träumen zu folgen.

Ich habe viele Frauen und Mädchen kennengelernt, die in jungen Jahren dieselben Fehler gemacht haben wie ich. Wie beispielsweise Melissa, die zwar Kunstgeschichte studiert hatte, aber nie ihren Traum verfolgte, als Künstlerin zu arbeiten. Im Alter von zweiundzwanzig Jahren heiratete sie ihren netten (aber langweiligen) jüdischen Freund, weil ihre religiös-konservativen Eltern sie recht massiv dazu gedrängt hatten. Wie auf Autopilot zog sie mit ihrem Mann in ein nettes kleines Haus und schuf sich ein Sozialleben, das ziemlich genau dem ihrer Eltern entsprach, sie besuchte sogar dieselbe Synagoge. Ein paar Jahre spielte sie die liebenswürdige Gastgeberin und Vorstadtehefrau, bis sich das *»Und das war's jetzt?«*-Gefühl einstellte. Mit fünfundzwanzig wachte sie eines Morgens auf, sah sich um in ihrem propperen Haus und ihrem makellosen Leben und dachte: *Auf keinen Fall! Hier will ich nicht enden.* Mit sechsundzwanzig war Melissa dann Single, arbeitete für einen Hungerlohn als Empfangsdame in einer Galerie und wohnte in einer kleinen Wohnung in Brooklyn. War ihr Leben perfekt? Nein. Aber sie war so glücklich wie noch nie, denn sie hatte sich von der Erwartung verabschiedet, dass das Leben perfekt sein muss.

Der Perfektions-Mythos

Als ich begann, mit Frauen über Perfektion zu sprechen, machte ich eine bemerkenswerte Beobachtung. Ich stellte zunächst eine – meines Erachtens – unverfängliche Frage, um ins Gespräch zu kommen: »Glauben Sie, dass Sie perfekt sein müssen?« Ich ging davon aus, dass die Antwort ganz sicher Ja sein würde, aber fast alle behaupteten das Gegenteil. Ich begann, die Richtigkeit meiner These zu bezweifeln.

Und dann begriff ich, dass die Frauen diese Frage genau mit jenem inneren Anspruch beantworteten, dem ich auf der Spur war. Sie gaben die vermeintlich *richtige* Antwort – die perfekte Antwort – die Antwort, mit der sie zeigen wollten, dass sie sich *natürlich* im Klaren darüber sind, dass Perfektionsstreben eine entmutigende Zeit- und Energieverschwendung ist. Und doch offenbarte, was sie erzählten, das genaue Gegenteil.

Von da an stellte ich den Frauen, mit denen ich sprach, keine Ja-/Nein-Fragen mehr. Ich bat sie stattdessen, sich auf einer Skala von 1 bis 10 selber einzuschätzen, wobei eine 10 bedeutete, dass sie sich sehr stark getrieben fühlten vom Perfektionsanspruch. Und genau wie ich vermutet hatte, sobald es kein Richtig und Falsch mehr gab, zeigte sich ein anderes Bild. Durchschnittlich lag der Wert zwischen 8 und 10. Und als das Eis gebrochen war, fragte ich sie, ob sie von Freund*innen oder in der Familie manchmal zu hören bekämen, dass ihre Ansprüche an sich selber zu hoch seien; die Antwort lautete in der Regel Ja. Ich fragte sie, ob sie das Gefühl kennen würden, dass sie alles, was sie getan hatten, eigentlich hätten besser machen müssen? Die Antwort darauf war fast durchgehend Ja.

Ich habe mit Hunderten Frauen gesprochen, vom Teenager bis zur Rentnerin, Frauen jeder Herkunft und mit sehr unterschiedlichen Lebensläufen, und ich weiß, die Sache mit dem Perfektionismus ist kompliziert und vielschichtig. Es ist eine unübersichtliche Gemengelage von lebenslangen Überzeugungen, Erwartungen und Ängsten. Unsere Gefühle dazu sind verwirrend und widersprüchlich; wir hegen und pflegen unsere Haltung dazu, wünschen uns aber zugleich, sie abschütteln zu können. Unser Perfektionismus tritt als Bedenkenträger auf, als Kritiker und als gnadenloser Zuchtmeister, manchmal ist er alles zugleich. Jeden Morgen, wenn wir in den Spiegel schauen, ist er da, und nachts lässt er uns nicht schlafen, weil wir unsere Fehler wieder und wieder sezieren.

Manchmal lässt uns der Perfektionismus auch glauben, dass andere Menschen uns nicht akzeptieren, wertschätzen oder lieben können, wenn wir nicht perfekt sind (Psychologen nennen das den »sozial vorgeschriebenen Perfektionismus«); dann wieder haben wir das Gefühl, dass wir uns selber dazu antreiben, unerreichbare Standards anzustreben (»selbstorientierter Perfektionismus«). So oder so ist es ein unangenehm nagendes Gefühl, es flüstert uns ununterbrochen zu, dass wir eine Enttäuschung für andere und für uns selbst seien.

Ja, unser Perfect-Girl-Training liegt lange zurück, wir sind jetzt clevere, intelligente Frauen, die klug genug sind, um zu wissen, dass es absurd ist, Perfektion anzustreben. Dennoch bestimmt sie unser Leben. Wieso? Weil, ob bewusst oder unbewusst, wir noch immer an längst überholten Mythen hängen und an dem Glauben, dass Perfektion wichtig ist. Es wird Zeit, mit diesen hartnäckigen Lügen abzurechnen.

Mythos #1: Je schöner, desto perfekter

Wir lernen von früh auf, dass exzellentes Aussehen uns den perfekten Job, den perfekten Mann und das perfekte Leben sichern wird. Aber exzellent ist nicht perfekt, und eine Garantie auf ein Happy End ist es sowieso nicht. Davon kann ich ein Lied singen.

Wir wähnen unser Geheimnis – dass wir weit entfernt davon

sind, perfekt zu sein – in Sicherheit, weil wir perfekt aussehen und uns perfekt verhalten. Wer makellos ist, dem kann niemand etwas anhaben, der ist sicher vor Verurteilung und Kritik. Also arbeiten wir wie verrückt an unserem Äußeren, um all die hässlichen Verunsicherungen, Unsicherheiten, Gefühle und Mängel zu verstecken.

Schon zu Beginn meines Wahlkampfs für den Kongress war ich ein Wrack. Ein verängstigtes Wrack. Ich wusste nicht, ob ich wirklich das Zeug für dieses Amt hatte. Ich dachte, ich müsse mich mit allem auskennen, von der Situation im Irak bis hin zu Schlaglöchern – was, wenn mich jemand fragen würde und ich wüsste keine Antwort? Gegen mich sprachen bereits mein junges Alter und meine Unerfahrenheit. Würde ich jetzt auch noch für inkompetent, für nicht klug genug für den Job gehalten? Äußerlich wirkte ich vielleicht gelassen und taff, aber innerlich plagten mich Ängste und Selbstzweifel.

Also konzentrierte ich mich auf das Einzige, was ich selber unter Kontrolle hatte: meine Wahlkampfrede. Meine Güte, ich war völlig besessen von dieser Wahlkampfrede. Ich überarbeitete sie ein Dutzend Mal und lernte sie komplett auswendig. Ich schaute mir zahllose Videos von großen Rednern an, und wenn ich im Bett lag oder meine Zähne putzte oder auf dem Weg zur U-Bahn war, ging ich meine Rede wieder und wieder durch. Ich war überzeugt davon, dass eine vollendete Rede mich makellos wirken lassen und mir harsche Kritik ersparen würde. Ich dachte, dass ich durch eine großartige Rede Kontrolle darüber hätte, was andere von mir dachten. Natürlich lag ich falsch. Für die Hasser gab es genug zum Hassen, angefangen von meinen Themen bis hin zu meinen Schuhen. Gegen diese gnadenlose Verurteilung schützt einen nur eine mutige innere Haltung, aber das habe ich erst Jahre später verstanden.

Für viele Frauen ist das äußere Erscheinungsbild eine Art Rüstung. Denn sind unser Outfit, die Frisur, Make-up, Schmuck, Schuhe und alles andere ebenfalls perfekt, dann fühlt es sich so an, als hätten wir alles unter Kontrolle. Aber es ist nur eine Illusion, dass wir Macht über das haben, was andere von uns denken und wie sie auf uns reagieren. Eine zarte blonde Businessfrau erzählte mir, dass sie sich Haare und Make-up professionell machen lässt, bevor sie bei potenziellen Investoren vorspricht. »Als könnte mir niemand blöd kommen, wenn meine Haare frisch geföhnt sind«, sagte sie und lachte. Tatsächlich aber haben wir nie die Kontrolle. Nicht darüber, was andere wirklich von uns denken, und garantiert ebenfalls nicht über das, was passiert, wenn wir uns von unseren vor dem Spiegel eingeübten Posen und unserem hervorragenden Redemanuskript lösen. Immer kann jemand einem blöd kommen, egal wie top die Haare geföhnt sind.

Wenn man über Frauen und Perfektionismus spricht, geht es natürlich auch um die offensichtlichste und tückischste Folter, der wir uns aussetzen – oder besser gesagt, der wir unseren Körper aussetzen. Im Jahr beschäftigt sich eine Frau durchschnittlich 127 Stunden mit ihrem Gewicht und den Kalorien, die sie zu sich nimmt. Diese Besessenheit in Bezug auf Gewicht und Figur kostet uns aufs Leben gerechnet ungefähr ein ganzes Jahr. Man schätzt, dass zwischen 80 und 89 Prozent aller Frauen unzufrieden sind mit ihrem Gewicht. Zehn Millionen US-Amerikanerinnen leiden unter Essstörungen. Noch beunruhigender ist es, wenn man hört, dass die National Eating Disorders Association angibt, dass 81 Prozent der zehnjährigen Mädchen Angst davor haben, zu dick zu sein.

Ein paar Tage nachdem ich eine sehr lebendige Diskussionsrunde in New York moderiert hatte, bekam ich eine E-Mail von einer Zuhörerin namens Marta, die den ganzen Abend still auf dem Boden gesessen hatte. Sie schrieb sehr offen, dass das Thema des Abends viel mit ihr zu tun gehabt habe. In diesem relativ geschützten Raum, in dem über Perfektionismus und Ängste gesprochen wurde und darüber, wie sie uns ausbremsen, hatten die Fachfrauen, die ihr schräg gegenüber auf dem Sofa saßen – sie nannte sie die »Sofa-Frauen« –, sie zu sehr eingeschüchtert, um selbst das Wort zu ergreifen. Ich bedankte mich bei Marta für ihre E-Mail, denn die Geschichte, die sie mir erzählte, kennen sicher viele von uns.

Martas Mutter hat in den zweiunddreißig Jahren, die Marta auf der Erde ist, das Haus nicht ein einziges Mal ohne ein komplettes Make-up verlassen. Diesen Druck, äußerlich perfekt sein zu müssen, hatte Marta schon sehr früh verinnerlicht. Ihre Mutter war schlank und sehr hübsch und immer in Form, und die Jungs auf Martas Highschool fanden sie »heiß«, wie sie zu Marta sagten. Marta fühlte sich davon abgestoßen, und zugleich gab es ihr das Gefühl, niemals mithalten zu können. »Ich war zu groß, meine Haare zu lockig, und meine Nase hatte einen Höcker«, schrieb sie.

Tief verunsichert ließ sie sich mit sechzehn die Nase operieren, ungefähr zur gleichen Zeit hörte sie mit dem Basketballtraining auf, ein Spiel, das sie schon als Kind geliebt hatte. »Mit Siebzehn versuchte ich (genau einmal), meine Haare zu glätten, und musste buchstäblich heulen«, erinnerte sich Marta. »Mit achtzehn ging ich aufs College und nahm sofort zehn Pfund zu, weil ich aß und trank wie die Typen in einer Studentenverbindung. Ich nahm noch mal zehn Pfund zu, nachdem ich ›eine Diät gemacht‹ hatte, die darin bestand, dass ich den Nachtisch vor dem Abendessen zu mir nahm. In diesem ersten Jahr am College wurde ich dicker und dicker. Ich lernte die einfachste Methode, wie man vergisst, dass man jede Kontrolle verloren hat: trinken bis zum Filmriss und bis man jede Kontrolle verloren hat. So ging das ein paar Jahre lang, ich schämte mich für meinen Körper und war kreuzunglücklich.«

Marta erzählte, dass sie allein der Gedanke, sich um ein »perfektes« Aussehen zu bemühen (Sport treiben, gesund essen, schminken), schon immer deprimiert hätte – also ließ sie es ganz bleiben. »Ich dachte, wenn ich nicht perfekt sein kann, dann versuche ich es erst gar nicht.« Im Lauf der Jahre habe sie dann aber begonnen, ihren Körper und ihr Gewicht positiver zu sehen, doch die Lehren der Kindheit könne man nur schwer loswerden. »Auch heute noch, mit zweiunddreißig, muss ich mir immer wieder klar machen, dass ich mehr bin als nur mein Körper«, schrieb sie. »Selbst wenn mir eine bestimmte Jeans nicht passt, habe ich trotzdem noch meinen Beruf, meine Freunde und meine Familie, die ich liebe und die mich lieben. Das muss ich mir richtig *ins Bewusstsein* rufen. Und das ist doch verrückt.«

Diesen Perfektionsdruck bilden wir uns unglücklicherweise nicht nur ein. Und auch nicht, dass die Sache für Männer anders liegt. Angesprochen auf das Rennen um die Präsidentschaftskandidatur 2008 kommentierte Hillary Clinton einmal, dass Barack Obama »einfach aus dem Bett steigen und einen Anzug anziehen« konnte, während sie stundenlang ihr Haar, ihr Make-up und die Garderobe richten musste. Wenn man sich als Frau auf einer solchen Bühne bewegt (ich würde sagen, egal auf welcher Bühne), dann darf man sich beim Aussehen keinen Fehler erlauben.

Dafür gibt es zahllose Beispiele. Rihanna wurde einmal in Schlabberhosen fotografiert, ein Sportjournalist widmete ihr daraufhin einen ganzen Blogpost. Sie sehe aus, »als trüge sie einen Sumo-Suit«, und ob sie jetzt »dick aussehen zum neuen Trend« machen werde? (Glücklicherweise wurde er dafür heftig kritisiert und kurzerhand gefeuert.) Jennifer Aniston wagte einmal, einen Cheeseburger zu essen, bevor sie im Bikini fotografiert werden sollte. Die aufgekratzte Twittergemeinde spekulierte, ob sie »einfach zugenommen« habe oder ob sie schwanger sei.

Um die Verunsicherung perfekt zu machen, müssen wir heutzutage nicht nur makellos aussehen, sondern auch noch dünn sein und gebräunt, mit geraden weißen Zähnen, strahlender Haut und glänzendem Haar, und zwar so, dass es aussieht, als koste es uns keine Anstrengung. Genau wie unsere Mädchen kennen auch wir Erwachsenen den Druck, dass Perfektion »mühelos« aussehen muss. In einem kürzlich erschienenen Artikel in der *New York Times* beschreibt Amanda Hess, wie die Gesellschaft den Frauen jetzt auch noch aufbürdet, dass sie ihre Unsicherheiten in Bezug auf ihr Äußeres mit sich selber ausmachen müssen, gerade so, als wären das komplett selbst gemachte Ängste und als gäbe es diese unsinnigen Standards nicht, an denen wir überall gemessen werden. »In Wirklichkeit ist der Anspruch an die weibliche Optik niemals höher gewesen«, schreibt Hess. »Aber das einzugestehen, ist ein Tabu.«

Auch wenn die meisten von uns keinerlei Gefahr laufen, dass die *US Weekly* unser Aussehen kommentiert, leiden wir doch alle auf die eine oder andere Weise unter dem Schönheits- und Körperwahn. Es ist ein Trugschluss, zu glauben, dass wir mit tollen Klamotten, makelloser Haut und einem wohlgeformten Po perfekt sind – und das Gefühl der Kontrolle, das wir uns dadurch schaffen, ist irreführend und nicht von Dauer.

Eine wunderbare Frau namens Evelyn erzählte mir von einem Zusammentreffen mit ihrem Ex-Mann und dessen neuer (viel jüngerer) Frau auf der Hochzeit ihrer Tochter. Sie war so angespannt deswegen, dass sie bereits drei Monate vor dem Ereignis damit anfing, sich zu »perfektionieren«. Sie ging auf Diät, um fünf Kilo abzunehmen, färbte ihre Haare und probierte zahllose Kleider und Schuhe an, bis sie die »perfekte« Kombination gefunden hatte. Am Tag der Hochzeit sah sie umwerfend aus – und war dennoch traurig, eifersüchtig und wurde von all den anderen Gefühlen übermannt, die sie eigentlich hatte in Schach halten wollen. »Versteh mich nicht falsch«, sagte Evelyn. »Ich fühlte mich großartig, und das war gut. Aber es war kein Wundermittel – jedenfalls nicht auf Dauer.«

Selbstverständlich werde ich jetzt nicht vorschlagen, dass wir uns ab sofort gehen lassen sollen und auf Veranstaltungen und Meetings aussehen, als wäre uns alles egal. Das Aussehen spielt eine Rolle, und sei es nur für den Eindruck, den man hinterlässt. Dennoch besteht ein großer Unterschied zwischen einem angemessenen Aussehen und der Tortur, der man sich selbst unterzieht, um den »perfekten« Look zu erreichen. Wenn hervorragendes Aussehen Ihr Selbstvertrauen stärkt, dann machen Sie das in Gottes Namen. Schönheit sollte eine positive Form der Selbstdarstellung sein, und ich bin die Erste, die gern zugibt, dass ich mich mit ordentlich rot geschminkten Lippen spitze fühle. Aber wenn wir wie besessen davon sind und uns an der Makellosigkeit festklammern wie das Kleinkind am Kuscheltier, dann läuft etwas falsch.

Mythos #2: Wenn erst mal alles perfekt ist, werde ich glücklich sein

Ich habe mal irgendwo gelesen, dass ein Mensch immer zehn Prozent mehr Geld braucht, als er bereits hat, um glücklich zu sein. Das scheint mir eine großartige Analogie auf unsere Jagd nach der trügerischen, weil unerreichbaren Perfektion zu sein.

Das Denkmodell lautet ungefähr so: Wenn ich den richtigen Look habe, den richtigen Job und den richtigen Partner, dann wird alles gut, und ich werde glücklich sein. Dieser verqueren

Logik bin ich selbst aufgesessen. Früher dachte ich, ich müsse fünfmal die Woche zum Work-out gehen, um genau wie meine Schwester einen XS-Body zu haben, und wenn ich es auf eine Ivy-League-Uni schaffte, würde ich den perfekten Mann kennenlernen, der meinen Intellekt schätzen und der mich ohne Vorbehalte lieben würde. Wir bekämen dann drei perfekte Kinder, und ich würde Präsidentin von Amerika. Ich glaubte daran, meine Träume leben zu können, aber eben nur, wenn ich so eng wie möglich an diesem Drehbuch bliebe. Mit solch einer verzerrten Vorstellung bin ich nicht allein.

Um unser Ideal der Perfektion zu erreichen, laufen wir unsere zehntausend Schritte täglich, machen sieben Mal die Woche Work-out, essen kohlehydratfrei. Wir lesen dauernd irgendwelche Bücher darüber, wie wir beruflich vorwärtskommen können, wie wir die Work-Life-Balance oder den idealen Partner finden. Wir übernehmen besondere Jobs oder Ämter in unserer Gemeinde, wenn andere denken, dass wir dafür geeignet sind. Wir bekommen im Schnitt 2,5 Kinder, kaufen das perfekte Haus und schaffen uns die richtigen Dinge an.

Und? Sind wir glücklich?

Die Statistiken lassen das Gegenteil vermuten. Laut National Institute of Mental Health erkrankt jede vierte Frau im Laufe ihres Lebens an schweren Depressionen. »The Paradox of Declining Female Happiness« (dt.: »Das Paradox des abnehmenden weiblichen Glücks«), eine 2009 an der Universität von Pennsylvania veröffentlichte Studie, zeigt, dass sich das Leben von Frauen in den letzten fünfunddreißig Jahren im Hinblick auf Chancengleichheit und Gehalt verbessert hat, und dank des technischen Fortschritts hat auch die Belastung durch anstrengende Hausarbeit abgenommen. Dennoch ist der Glücksquotient von Frauen gesunken. Wir *sollten* glücklicher sein, sind es aber nicht.

Wenn Perfektion unser Ziel ist, dann kann es passieren, dass wir in Berufen, Beziehungen und Lebensumständen landen, die wir eigentlich gar nicht wollen. Wie eine Liste arbeiten wir eins nach dem anderen ab, und denken, dass uns das Freude und Erfüllung bringt, aber irgendwann sind wir am Ende unserer Liste und denken: *Verdammt noch mal ... warum bin ich nicht glücklich?*

Tonya ist eine hervorragende Illustratorin, die mit ihrer Arbeit gut verdient. Seit zwanzig Jahren gehört sie zur Spitze ihrer Branche, mehrfach wurde sie mit renommierten Preisen ausgezeichnet. Durch ihren Beruf erfährt sie viel Lob und Anerkennung, vom Geld mal ganz abgesehen. Aber glücklich ist sie nicht.

Tonya hasst ihren Beruf nicht, das betont sie. Aber sie liebt ihn auch nicht. Seit ein paar Jahren hat sie keine wirkliche Freude mehr daran, aber das lässt sie niemanden merken. Sie hat einiges an Geld gespart, das wäre also nicht das Problem, aber als ich sie fragte, warum sie nicht aufhören und nach etwas anderem suchen würde, das sie glücklich machen könnte, seufzte sie nur.

Ich kenne diese Seufzer. So habe ich geseufzt, als ich eine aufstrebende Anwältin in einer schicken Kanzlei war, mit Prestige und dicker Kohle – trotzdem habe ich jede Sekunde gelitten. Und ich kenne diese Seufzer von vielen anderen Frauen, die gefangen sind in einem Job, in dem sie »erfolgreich« sind. Ich weiß, es hört sich komisch an, dass man sich gefangen fühlt, obwohl man etwas gut kann. Ein Luxusproblem, oder? Das kann sein, aber egal welches Problem es ist, wir lösen es so oder so nur, wenn wir mutiger werden.

Zum Glücklichsein gehören enge, bedeutsame Verbindungen zu anderen Menschen. Wer aber anderen nur seine perfekte Fassade zeigt, isoliert sich, denn er verhindert, dass echte, ehrliche und tiefe Beziehungen entstehen, in denen wir ganz wir selbst sein können und uns so akzeptiert fühlen, wie wir sind.

Objektiv gesehen ist ja nichts falsch an unseren Jobs, unseren Beziehungen und unserem Leben – es sei denn, dass wir uns nicht mit ganzem Herzen dafür entschieden haben; es sei denn, sie sind nur der Spiegel dessen, was wir *geglaubt* haben, anstreben zu müssen, und nicht unserer wahren Leidenschaften. Wer ein Leben lang die Träume anderer gelebt hat (ob einem das klar war oder nicht), sich ständig darüber Gedanken gemacht hat, was andere denken, oder dem Schema F eines angeblichen Lebensideals gefolgt ist – dem kommen die eigenen Wünsche und Ziele abhanden. So als würde einem beim Autofahren das Navigationssystem ein Dutzend verschiedene Angaben gleichzeitig entgegenbrüllen. Links abbiegen, rechts abbiegen, wenden ... irgendwann verliert man die Orientierung.

Wir wählen Partner, die zu unseren Vorstellungen passen, selbst wenn wir nicht wirklich verliebt oder glücklich sind. (Es ist wirklich nur reine Spekulation, aber ich persönlich glaube nicht, dass es ein Zufall ist, dass der Anteil verheirateter Frauen, die angeben, Affären gehabt zu haben, in den letzten zwanzig Jahren um über 40 Prozent gestiegen ist.) Unser Haus, unser Leben sind traumhaft – wie auch immer das für den Einzelnen aussieht –, und doch sind wir enttäuscht, denn alles fühlt sich erzwungen und künstlich an. Selbst bei ganz vertrauten Menschen haben wir das Gefühl, dass wir unsere wirklich hässlichen, dreckigen und ungeschönten Seiten hinter einer glänzenden Fassade verstecken müssen; und dann wundern wir uns, dass sich unsere Beziehungen hohl anfühlen. Wir machen Schulabschlüsse oder bewerben uns um Jobs, wenn unsere Liebsten uns dazu raten, denn so, meinen wir, werden wir glücklich. Oder wie ich es von vielen Frauen kenne: Wir bleiben jahrelang in einem Beruf, den wir nicht mögen, einfach nur, weil wir ihn gut machen. Auch wenn wir plötzlich erkennen, dass wir im falschen Job, in der falschen Beziehung oder im falschen Leben feststecken, wir haben Angst, etwas zu verändern, zum einen, weil es sich wie eine Niederlage anfühlt, zum anderen, weil wir uns für einen Neuanfang sehr weit aus unserer Komfortzone hinausbewegen müssten.

Wenn ich vor Studenten rede, erzähle ich oft davon, wie ich Karriere gemacht habe, dass ich mich aber währenddessen nie gefragt habe, ob ich es auch wirklich will. Nach einer Rede, die ich in Harvard hielt, lief mir eine junge farbige Frau hinterher, als ich gerade ins Taxi steigen wollte. »Alles, worüber Sie gerade geredet haben, trifft genau auf MICH zu.« Sie erzählte mir, dass sie alles daran gesetzt habe, in pädagogischer Früherziehung zu promovieren, aber ob sie das glücklich machen würde, hätte sie sich nie gefragt. Jetzt wisse sie, dass es nicht das sei, was sie wolle, aber sie bleibe trotzdem dabei, denn um abzubrechen sei sie schon zu weit fortgeschritten mit dem Studium.

Cindy ist eine beeindruckende Frau, die buchstäblich so aussieht, als wäre sie gerade einem Fitness-Magazin entstiegen. Sie erzählte mir, dass sie körperlich in Topform sei, etwas, was sie immer habe erreichen wollen, aber jetzt fühle sie sich leer. Sie war nicht glücklicher, ihre Ehe war nicht besser, und die psychischen Probleme ihres Sohnes waren auch nicht verschwunden. Anscheinend ändert sich nicht viel, wenn endlich alles makellos ist. Kein Feuerwerk, keine Trophäe, keine Glücksgarantie – nur ein vages Gefühl von Unzufriedenheit und die Frage *Das war's jetzt?*

Wenn alles perfekt ist, so dachten wir, dann sind wir erfüllt und glücklich. So wurde es uns eingetrichtert. Was wäre, wenn wir jetzt den Gedanken zuließen, dass »das perfekte Leben« gar nicht so perfekt ist?

Wenn Makellosigkeit das Ideal ist, kann per definitionem kein Makel toleriert werden. Die Fehler, die wir machen, sind nicht das Problem, es ist die Bedeutung, die wir ihnen beimessen. Ein Perfektionist nimmt jeden Fehler persönlich. Die Denkspirale dreht sich irre schnell: Ich war unkonzentriert im Meeting; jetzt halten meine Kolleg*innen mich für dumm. Ich habe vergessen, die Anmeldung für die Klassenfahrt auszufüllen; der Lehrer meines Kindes – und wahrscheinlich auch mein Kind – wird jetzt denken, dass ich eine schlechte Mutter bin. Mein Date ist total enttäuscht, dass ich die Verabredung kurzfristig absagen musste; jetzt wird er nie mehr mit mir ausgehen wollen, und ich werde alleine sterben.

Lilly, Assistentin einer Publizistin, war ein ganzes Wochenende lang in Panik, weil sie eine E-Mail nicht so schnell beantwortet hatte, wie sie sollte. Sie hatte Angst, dass ihre Chefin total sauer sein würde. »Sonntags war ich mit einer Freundin Mittagessen, und ich konnte nur denken ›Vielleicht sollte ich den Job aufgeben und meinen Master machen …‹ Ich hatte solche Angst, entlassen zu werden, dass ich am Montag um sieben Uhr früh ins Büro ging, um alles so vorzubereiten, dass es nichts zu kritisieren gab.«

In einer Studie eines Professors der Auburn University habe ich gelesen, dass Frauen seltener als Männer das Gefühl haben, ihren eigenen Ansprüchen im Hinblick auf Familie und Job zu genügen. Ein Expertenkommentar zur Studie stellte fest, dass Frauen viel mit Schuldgefühlen kämpfen, wenn sie versuchen, Arbeit und Familie unter einen Hut zu bringen. Die Untersuchung in allen Ehren, aber meine spontane Reaktion beim Lesen dieser bahnbrechenden Neuigkeiten war: »Na so was!«

Ich glaube, niemand steht unter einem stärkeren Perfektions-druck als arbeitende Mütter. Aber wir müssen auch zugeben, selbst wenn wir Männer oder Partner haben, mit denen wir uns die Hausarbeit gerecht teilen, in der Regel sind wir es, die wissen, ob die Wickeltasche vollständig ist, die an den Schnuller denken oder die Nummer des Babysitters auf Kurzwahl gespeichert ha-ben. Die Botschaft, dass eine unperfekte Mutter eine schlechte Mutter ist, haben wir komplett verinnerlicht. Beruflich bin ich viel unterwegs, und jedes Mal bin ich gestresst und fühle mich schuldig, weil ich so lange von meinem Kind getrennt bin. Also bin ich dauernd damit beschäftigt, meine Termine so zu legen, dass ich möglichst wenig von ihm getrennt sein muss. Wenn ich nicht unterwegs bin, stehe ich um fünf Uhr auf und gehe ins Fit-nessstudio, damit ich fertig bin, bevor mein Sohn wach wird und ich mit ihm frühstücken und ihn dann für die Schule fertigma-chen kann. Mein Mann ist ein toller Vater, aber solche Schuldge-fühle kennt er nicht. Wenn er früh morgens ein Meeting hat, und ich bin nicht da, dann hat er kein Problem damit, dass der Baby-sitter sich kümmert. Selbst unserer Bulldogge Stan gegenüber ha-be ich mütterliche Schuldgefühle: Wenn sie morgens um sieben Uhr jault, weil sie raus will, dann gehe ich Gassi mit ihr, obwohl ich weiß, dass sie, wenn ich nicht da bin, gemütlich schläft, bis Nihal gegen zehn Uhr geduscht hat, rasiert und angezogen ist.

Frauen widmen dem Partner und den Kindern ihre gesamte Freizeit. Aber wenn wir ganz ehrlich sind: Das haben wir uns häu-fig auch selbst zuzuschreiben. Wäre unser Partner in der Lage, die Wickeltasche zu packen, den Kindern das Frühstück zu ma-chen und den Babysitter zu bestellen? Auf jeden Fall. Würde er es genauso machen, wie wir es wollen? Wahrscheinlich nicht. Aber weil wir davon ausgehen, dass er es nicht zu 100 Prozent richtig macht, machen wir es verdammt noch mal lieber selber.

Eine landesweite Befragung des Families and Work Institute hat belegt, dass ein Teil des Zeitdrucks, den Frauen spüren, selbst gemacht ist, denn es fällt ihnen schwer, zu delegieren oder die Kontrolle abzugeben. Manchmal wird behauptet, dass Frauen mehr Erziehungsarbeit übernehmen, weil sie von Natur aus fürsorgender sind. Aber wie viel von dem, worüber wir hier reden, ist im eigentlichen Sinne Fürsorge? Unter Fürsorge verstehe ich, mich um das körperliche und emotionale Wohlergehen meines Sohnes zu kümmern: ihn zu versorgen, wenn er Fieber hat, ihn zu trösten, wenn sein liebster Stofffrosch nicht zu finden ist. Es ist die Obsession mit dem perfekten Muttersein – oder die »Ideologie der intensiven Bemutterung«, wie die feministische Soziologin Sharon Hayes es nannte, und kein Fürsorgeinstinkt, der von mir verlangt, dass ich alle notwendigen (und jeweils die besten) Schulutensilien vorrätig haben muss, dass mein Sohn Bio-Snacks bekommt und dass ich ihm das Alphabet beigebracht haben muss, bevor er einundzwanzig Monate alt ist, weil wir (na ja, eher ich) irgendwo gelesen haben, dass dies ein Zeichen von Hochbegabung ist.

Die meisten Väter empfinden diesen Druck nicht so stark. Sie hadern nicht damit, wenn sie nicht jede Kleinigkeit perfekt auf die Reihe kriegen, schon deshalb, weil sie eine solche Perfektion überhaupt nicht anstreben. Ich muss immer lachen, wenn ich die Pedigree-Dentastix-Werbung sehe, in der ein junger Vater seinem vollgekleckerten Kleinkind im Hochstuhl beim Essen zuguckt. Am Schluss hat das Kind den Brei überall im Gesicht, der Vater rennt also los und holt ein feuchtes Tuch, um es abzuwischen. Als er zurückkommt, hat der Hund bereits das Gesicht des Babys sauber geleckt. Der Vater stutzt, denkt einen Moment nach, dann zuckt er mit den Achseln und sagt fröhlich: »Das reicht eigentlich.«

Können Sie sich vorstellen, wie befreiend es sich anfühlen würde, wenn man so wäre?

Blenden wir das Kindergesicht, das mit Hundesabber abgewischt wird, einmal aus, denn ich will darauf hinaus, dass man weder nachlässig noch eine schlechte Mutter ist, nur weil man nicht mehr perfekt sein will. Unsere Standards dürfen ruhig hoch sein, das ist nicht das Problem, sondern wie wir das Erreichen oder Nicht-Erreichen dieser Standards bewerten. Es ist großartig, wenn Sie gesundes Essen für Ihr Kind kochen wollen. Aber es wird auch nicht gleich sterben, wenn es ab und zu Chicken Nuggets zum Abendessen vorgesetzt bekommt. Pünktlichkeit und Routinen sind wichtig in der Erziehung. Aber es wird auch nicht gleich zu dauerhaften psychischen Schäden führen, wenn Sie Ihr Kind einmal zu spät von der Kita abholen, weil Sie mit dem Wagen hinter einem Müllauto herkriechen mussten.

Um alles irgendwie hinzubekommen, muss man nicht perfekt sein, sondern mutig. Man braucht Mut, um die Kontrolle abzugeben und zu delegieren, 100 Prozent anzustreben, aber nicht durchzudrehen, wenn es dann nur 90 sind, Fehler zu machen und zu ihnen zu stehen, ohne sich dafür zu schämen. Man braucht Mut, wenn man sich um sich selber kümmern und der Stimme im Kopf widersprechen will, die Ihnen sagt, dass Sie für Job und Familie *alles* aufgeben müssen (und für die Freundin, die sechs Mal in der Woche Beziehungstipps braucht ... und für die Elternabende ... und für den Nachbarn, der Sie gebeten hat, sich um den Hund zu kümmern, während er weg ist). Sie brauchen Mut, um sich selbst eine Auszeit zu gönnen und nicht zuzulassen, dass Schuldgefühle Ihren Alltag bestimmen, denn nur so bekommen Kinder ein gesundes Gefühl für die eigenen Bedürfnisse und verstehen, dass es in Ordnung ist, wenn man mal etwas vermasselt.

Man braucht Mut, um das Perfect Girl in den Ruhestand zu schicken und sich stattdessen für das Modell »Mutige Frau« zu entscheiden. Aber es lohnt sich.

Mythos #4: Perfekt ist dasselbe wie hervorragend

Natürlich können wir uns einreden, dass wir perfekt sein wollen, weil wir hohe Standards haben und einfach besonders gut sein möchten. Was gäbe es daran zu kritisieren? Aber Frauen wie uns, denen das Perfect Girl antrainiert wurde, fällt es schwer, hier einen Unterschied zu erkennen. In Wahrheit können wir aber sehr wohl hervorragend und gleichzeitig nicht perfekt sein; denn das ist nicht ein und dasselbe.

Der Unterschied zwischen hervorragend und perfekt ist vergleichbar mit dem Unterschied zwischen Liebe und Besessenheit. Das eine macht frei, das andere ist ungesund. Perfektion bedeutet immer ganz oder gar nicht; entweder schaffst du es oder du versagst, Punkt. Es gibt keine kleinen Siege, keine Eins fürs »Anstrengen«. Wenn Sie Perfektionistin sind und irgendetwas nicht hinbekommen, werden Sie sich schlecht fühlen.

Wenn Sie dagegen die Spitzenleistung anstreben, dann gehen Sie nicht daran kaputt, wenn Sie es nicht schaffen, weil es hier nicht um Gewinnen oder Verlieren geht. Immer die bestmögliche Leistung bringen zu wollen, ist eine Lebenshaltung und kein punktgenaues Ziel, das man trifft oder an dem man vorbeischießt. Sie ermöglicht, dass man stolz sein kann auf die eigenen Bemühungen – unabhängig vom Ergebnis. Ich habe ja selber sehr hohe persönliche Standards. Man *sollte* gut vorbereitet sein und sich im Vorstellungsgespräch, im Meeting, bei einer Veranstaltung, für eine Rede, ein Spiel oder Projekt Mühe geben – im Privaten wie im Beruflichen. Spitzenarbeit leisten oder gewinnen zu wollen, daran ist nichts auszusetzen. Aber es gibt durchaus etwas daran auszusetzen, unerreichbare Ziele und Erwartungen zu haben und sich mit Vorwürfen zu quälen, wenn man nicht die allerbesten Ergebnisse erreicht.

Die Grenze zwischen dem Streben nach Spitzenleistung und dem Streben nach Perfektion ist dann überschritten, wenn man das Gefühl hat, dass es immer noch nicht reicht. Weiß wann nicht, wann es gilt, Erfolge zu feiern, ist das ein guter Hinweis. Das mache ich auch immer noch falsch. Die Leute sagen: »Wow, Reshma, du hast wirklich viel erreicht«, und sofort hält eine kleine schrille Stimme in meinem Kopf dagegen: *Na ja, geht so!* Das ist der Geist des Perfektionismus, der aus allem, was man erreicht, die Freude heraussaugt. Heutzutage nehme ich mir die Zeit, um das, was ich erreicht habe, zu feiern. Dann stelle ich Beyoncé ganz laut und tanze durch mein Wohnzimmer, kaufe einen der viel zu leckeren Schokoladenkekse in meiner Lieblingsbäckerei oder gratuliere mir selbst mal eben auf Twitter.

Perfektionsdruck kann wirklich alles kaputt machen. Statt wahrzunehmen, was wir richtig gemacht haben, zwingt er uns, nur das zu sehen, was nicht hundertprozentig perfekt war. Mein TED-Talk zum Beispiel hatte mehr als vier Millionen Views; viele Frauen haben mir geschrieben, wie bewegt sie davon gewesen seien, und das *Fortune*-Magazin bezeichnete meinen Vortrag als eine der inspirierendsten Reden des Jahres 2016. Aber was sah ich, als ich ihn mir angeschaut habe? Viel zu lockige Haare und ein viel zu starkes Make-up. Meine Vortrag berührte also Millionen von Frauen und Mädchen, und ich selbst dachte nur: *Warum hat mir niemand gesagt, dass ich so aussehe, als ginge ich in eine Bar und nicht auf eine Bühne, wo ich vor Millionen von Menschen eine Rede halten werde?*

Als meine Freundin Tiffany Dufu ihr großartiges Buch *Den Ball weiterspielen* veröffentlichte, bekam es hervorragende Kritiken und wurde von Gloria Steinem als »wichtig, bahnbrechend, kenntnisreich und mutig« bezeichnet. Doch statt sich in diesem unglaublichen Lob zu aalen, fixierte Tiffany sich völlig auf ein paar negative Amazon-Besprechungen (und das, obwohl es sehr viel mehr positive gab). »Immer, wenn jemand etwas Kritisches schrieb, war ich völlig am Boden«, sagte sie. Wieder ein Fall, der zeigt, dass Perfektionismus uns die Freude an unserer hervorragenden Leistung nimmt.

Es ist inzwischen schon zu einer Floskel geworden, sich im Vorstellungsgespräch als Perfektionistin zu bezeichnen, weil man denkt, damit impliziere man starken Arbeitsethos und den Blick fürs Detail. Paradoxerweise macht Perfektionismus es schwieriger, Hervorragendes zu erreichen. Er lässt uns zu lange nachdenken, zu oft überarbeiten, zu viel abwägen: jede Menge Perfektionierung, aber wenig Output.

Sie denken jetzt vielleicht: *Nicht ganz so perfekt mag in manchen Jobs ja in Ordnung sein, aber Ärzten und Rechtsanwälten müssen wir vertrauen, die sollten doch unbedingt Perfektionisten sein.* Aber Forschungen zeigen, dass diese Denkweise genau falsch ist. Eine Untersuchung aus dem Jahr 2010 mit 1 200 College-Professoren stellte fest, dass diejenigen, die Perfektion anstreben, seltener publiziert oder zitiert werden. Am erfolgreichsten sind immer solche Menschen – und zwar egal in welchem Bereich –, die eher keine Perfektionisten sind, denn die anderen werden von ihrer Angst vor Fehlern blockiert, erklärt der Psychologe Thomas Greenspan in einem Artikel im *New York*-Magazin. »Wenn der Chirurg so lange nachdenkt, bis er sich seiner Entscheidung absolut sicher sein kann, bin ich vielleicht schon verblutet.«

Mythos #5: Scheitern ist keine Option

Wer auf keinen Fall scheitern will, der ist auch nicht bereit, ein Risiko einzugehen. Und das genau ist der Grund, warum Perfektionismus jeden Mut erdrückt.

Die Angst vorm Scheitern ist riesig. Wir haben Angst, unsere Komfortzone zu verlassen und Neues auszuprobieren, weil es sein kann, dass wir es nicht hinkriegen. Und wenn das passiert, stehen wir dumm da und werden für immer mit unserem Scheitern gleichgesetzt. Wir befürchten, dass dies der Beweis ist, dass wir unseren eigenen Ansprüchen niemals gerecht werden können – und auch nicht den Ansprüchen anderer. Am Ende sind wird blamiert, bloßgestellt und emotional wie beruflich beschädigt. Was, wenn es uns einen solchen Schlag versetzt, dass wir uns davon nie wieder erholen?

Nachdem ich das Rennen um den Sitz im Kongress verloren hatte, dachte ich, es wäre aus und vorbei mit mir, ich wäre für immer erledigt, und dass ich mich nie mehr um ein Amt dieser Größenordnung zu bemühen bräuchte. Am Morgen nach meiner Niederlage erwachte ich in meinem Hotelzimmer. Meine Leute hatten es (etwas zu optimistisch) über und über mit Luftballons und Glückwunsch-Post-its dekoriert. Mir war schlecht. Ich hatte alle enttäuscht, die an mich geglaubt und mich unterstützt hatten, meine Wähler*innen, meine Freund*innen, meine Familie. Als Politikerin hatte ich keine Zukunft mehr; als Mensch fühlte ich mich vollkommen wertlos.

Ich brauchte ein paar Monate, um meine Wunden zu lecken und mich wieder zu sammeln. Als ich so weit war, entstand ein neuer Traum, einer, der mir, wie ich heute weiß, ermöglichte, genau dort etwas zu bewegen, wo es mir bestimmt war. Ich bin immer davon ausgegangen, irgendwann auf dem Capitol Hill zu landen, aber jetzt zeigt sich, dass aus diesem Glauben heraus etwas viel Innovativeres und Weitreichenderes entstanden ist: eine Bewegung für Mädchen, die Programmieren lernen, und die, wenn sie erwachsen sind, die drängendsten Probleme unseres Landes und der Welt lösen werden. Und jetzt kommt's: Das wäre mir niemals eingefallen, wenn ich nicht etwas Neues ausprobiert und damit gescheitert wäre. Hätte ich niemals kandidiert, hätte mein Wahlkampf mich nicht in die Klassenräume geführt, und ich hätte niemals die Geschlechterkluft erkannt und verstanden, auf wie viele potenzielle Begabungen wir verzichten. Niemals hätte ich die Idee zu Girls Who Code gehabt, und niemals wären Zehntausende Mädchen im ganzen Land in ihrem Glauben gestärkt worden, dass sie alles schaffen können im Leben. Und niemals hätte *ich* den unerschütterlichen Glauben entwickelt, dass auch ich alles schaffen kann.

In der Welt der Start-ups wird das Scheitern als notwendiger Innovationsprozess gesehen. Die unternehmerische Haltung dahinter, »scheitere früh und oft«, verbreitet sich langsam. Das Scheitern wird zunehmend entstigmatisiert, sowohl im Bildungswesen als auch in der Berufswelt, und ich finde das großartig. Das Smith College etwa hat vor Kurzem ein Programm mit dem Titel »Gutes Scheitern« ins Leben gerufen. Es soll leistungsstarken Student*innen zeigen, wie man mit Rückschlägen umgeht beziehungsweise wie man das Positive darin erkennen kann. Stanford, Harvard, Penn und andere Universitäten haben ähnliche Programme aufgelegt. Die Gründerinnen des New Yorker Media-Start-ups theSkimm, Danielle Weisberg und Carly Zakin, erfanden ein Ritual, das sie »Fail So Hard« (dt.: »Scheitern auf ganzer Linie«) nennen. Während der wöchentlich stattfindenden Mitarbeiter*innensitzung wird ein Hut herumgegeben. Wer in der zurückliegenden Woche etwas Neues ausprobiert hat und damit gescheitert ist, darf den ehrenvollen Hut tragen, während er davon erzählt.

Ich betrachte es als meine Aufgabe, Ihnen zu sagen, dass Scheitern eine Option ist. Ich selbst bin nicht nur mit meiner Bewerbung um einen Sitz im US-Kongress gescheitert, sondern auch 2013 noch einmal mit meiner Bewerbung um das Amt des Bürgerbeauftragten der Stadt New York. Ich habe letzten Monat versagt, als ich den Geburtstag meiner Nichte vergessen habe, und heute Morgen schon wieder, als mein Sohn mich beim Windelnwechseln angepinkelt hat. Im Scheitern habe ich gelernt, meine Schwächen anzunehmen. Vor beidem habe ich keine Angst mehr. Um es mit Hillary Clinton zu sagen: Lieber scheitere ich, als es erst gar nicht erst versucht zu haben.

Mythos #6: Ich muss perfekt sein, um voranzukommen

Leider ist es immer noch so, dass Frauen doppelt so hart arbeiten müssen, um genauso viel Anerkennung zu bekommen wie Männer. Ehrgeizig, wie wir sind, bedeutet das für die meisten von uns, dass wir nicht nur hervorragende Leistungen bringen, sondern perfekt sein müssen. Eine 2015 veröffentlichte Studie von Lean-In.org und McKinsey & Co zeigte, dass es nicht an den familiären Verpflichtungen liegt, wenn Frauen nicht in Führungspositionen aufsteigen, sondern daran, dass sie den Stress und den Druck ablehnen, der mit diesem Grad der Verantwortung einhergeht. Das *Wall Street Journal* fasste das Ergebnis der Studie folgendermaßen zusammen: »Der Weg in Führungspositionen ist überproportional stressbehaftet für Frauen.« Ich glaube, das stimmt, aber ich glaube auch, dass der Stress deshalb so überproportional ist, weil Frauen denken, sie müssten den Job perfekt machen.

Wie oft haben wir eine Aufstiegschance ungenutzt gelassen, weil wir Angst hatten, eine Absage zu bekommen oder zu scheitern? Wie oft haben wir uns nicht um einen Auftrag oder eine Beförderung bemüht mit der Begründung: »Das kann ich einfach nicht so gut«? Sicher spielen die Gläserne Decke und der Double Bind eine Rolle, wenn es um das Vorankommen von Frauen geht, aber dass wir auf Perfect Girl gedrillt worden sind, ist, wie eingangs erwähnt, meines Erachtens ebenfalls ein wichtiger Grund, warum wir Frauen in allen Führungspositionen, sei es in der Wirtschaft, in der Regierung oder sonst wo unterrepräsentiert sind. Frauen bewerben sich nicht um Ämter, weil sie Angst haben, nicht so gut zu sein wie Männer, obwohl Untersuchungen zeigen, dass das überhaupt nicht zutrifft. Es ist unsere Angst davor, weniger als perfekt zu sein, und die Überzeugung, nicht über ausreichende Führungsqualitäten zu verfügen, die uns in die Quere kommen, nicht unser Mangel an Fähigkeiten.

Ich habe mit vielen Männern zusammengearbeitet, ob als Anwältin, im Finanzsektor oder jetzt in der IT-Branche. Sie alle hatten eine gemeinsame Eigenschaft, und das war ihre Bereitschaft, eine Herausforderung anzunehmen – egal ob sie perfekt darauf vorbereitet waren oder nicht. Wenn ich mein Team bei Girls Who Code frage, ob jemand bereit ist, eine neue Geschäftsidee weiterzuentwickeln, melden sich immer die Männer am Tisch – selbst diejenigen, die in dem Bereich noch gar keine Erfahrungen haben. Wie zum Beispiel unser Finanzdirektor, der sich sehr engagiert darum bemüht hat, den Bereich Human Resources zu übernehmen, und das, obwohl er keinerlei Erfahrung darin hatte und unsere Organisation kurz davor stand, im noch laufenden Jahr um rund 300 Prozent zu wachsen. Wenn ich eine meiner weiblichen Angestellten frage, ob sie die Leitung eines großen Projekts in einem neuen und unbekannten Bereich übernehmen möchte, wird sie in der Regel bezweifeln, dafür ausreichend qualifiziert zu sein, oder sie wird fragen, ob sie eine Nacht darüber schlafen dürfe (und in der Regel sagt sie dann am nächsten Tag ab).

Ich habe viele Männer gesehen, die ohne entsprechende Ausbildung oder Kenntnisse große Firmen gegründet haben. Jack Dorsey, ein Mitbegründer von Twitter, gründete Square mit dem Ziel, Zahlungsvorgänge zu vereinfachen, und nicht etwa, weil er Ahnung vom mobilen Zahlungsverkehr hatte. Er hatte keinen Schimmer, wie man eine Firma für Finanzdienstleistungen aufsetzt, aber das hat ihn nicht daran gehindert, es zu tun. Drei IT-Typen gründeten mit Mitte zwanzig die coole und erfolgreiche Beauty-App Hush, merkten – eher zufällig –, dass sich Make-up auf ihrer Schnäppchenseite am besten verkaufte. Und statt zu sagen: »Kommt, wir sind Männer … von Make-up haben wir doch keine Ahnung«, packten sie es an, suchten geeignetes Personal, 60 Prozent davon weiblich, um die Entwicklung in die richtige Richtung zu lenken.

Im Prinzip ist Tina genau das Gegenteil davon. Tina ist die kluge, talentierte Frau, die meine Haare schneidet. Sie möchte einen eigenen Friseursalon aufmachen, aber weil sie nicht weiß, wie man eine Website aufsetzt oder eine Firma gründet, hat sie sich damit abgefunden, dass das nicht passieren wird. Was viel mit dem Ideal der »mühelosen Perfektion« zu tun hat, das wir als Mädchen erlernt haben. Rachel Simmons sagt dazu Folgendes: Wenn man denkt, dass alles, was man tun, leicht aussehen muss, und dass man so tun muss, als hätte man alles im Griff, dann verliert man eine sehr wichtige Fähigkeit, nämlich zuzugeben, dass man Hilfe braucht. Anstatt also um Hilfe für ihren Plan zu bitten, hat Tina ihn sich ausgeredet. Früher oder später haben wir alle so etwas schon einmal getan.

Das Perfektionsideal schlägt auch beim Einkommen zu. Es wird viel darüber diskutiert, warum der Einkommensunterschied zwischen Frauen und Männern so hartnäckig fortbesteht. Ist die Diskriminierung von Frauen, sei es wegen ihres Geschlechts, sei es strukturell, unüberwindbar? Suchen sich Frauen ihre Stellen einfach in schlechter bezahlten Branchen? Oder ist es der selbst gemachte Perfektionsdruck, der verhindert, dass wir uns für hoch bezahlte Jobs bewerben? Auch Gehaltsverhandlungen spielen eine Rolle bei dem Geld, das wir nicht verdienen. Wenn man nicht fordernd wirken möchte, wie soll man dann mehr Geld verlangen?

Diese Angst haben die meisten Frauen, unabhängig davon, was sie bisher geleistet und wie viel Macht sie haben. Die amerikanische Schauspielerin Jennifer Lawrence hatte bereits einen Oscar gewonnen, und doch bekam sie für ihre Rolle in dem Blockbuster *American Hustle* deutlich weniger Gage als ihre männlichen Co-Stars. Sie hatte nicht offensiv um eine faire Bezahlung gekämpft, weil sie Sorge hatte, dass das nicht gut ankommen würde. »Es wäre gelogen, wenn ich nicht zugeben würde, dass die Gagenverhandlungen auch deshalb ohne Auseinandersetzung abliefen, weil es mir wichtig war, gemocht zu werden«, schrieb sie in dem feministischen Newsletter *Lenny*. »Ich wollte nicht ›schwierig‹ oder ›abgehoben‹ rüberkommen. Das erschien mir völlig in Ordnung, bis ich im Internet die Übersicht über die Gewinnbeteiligung entdeckte und mir klar wurde, dass keiner der männlichen Stars auch nur die geringste Sorge gehabt hatte, ›schwierig‹ oder ›abgehoben‹ zu wirken.« Genau darum müssen wir daran arbeiten, mutig zu sein, damit wir die Bezahlung fordern und erhalten, die wir verdienen.

Es gibt nur eine Sache, die das Perfect Girl 3.0 noch weniger erträgt als Fehler zu machen: negatives Feedback. Nora arbeitet im Empfangsbereich eines Hotels, alle drei Monate wird ihre Arbeit beurteilt. Auch wenn das Ergebnis zu 90 Prozent positiv ist, fokussiert sie sich auf die 10 Prozent, die laut ihres Chefs verbesserungswürdig sind. Wenngleich das eigentlich nur als Anstoß gedacht ist, wann und wie sie den Service für die Hotelgäste noch verbessern könnte, kommt bei ihr nur an, dass sie alles falsch gemacht und ihren Chef enttäuscht hat. »Äußerlich merkt man es mir nicht an, aber innerlich sterbe ich fast«, sagt sie. »Das nagt tagelang an mir.«

Geh aufrecht … mach dir die Haare … nuschel nicht. Aber Moment mal. Wenn wir doch schon in jungen Jahren an solche stichelnden Bemerkungen gewöhnt sind, warum trifft uns dann im späteren Leben negatives Feedback so hart? Warum hat diese Dauerkritik nicht dazu geführt, dass wir abgehärteter sind? Wahrscheinlich, weil wir diesen Input bekommen, wenn wir noch zu jung sind, um etwas anderes als Missbilligung herauszuhören. Wir hören keinen konstruktiven Rat liebender Eltern, die uns beibringen wollen, wie man sich gut präsentiert, sondern Missbilligung. Deshalb nehmen wir später schon die kleinste Kritik persönlich.

Diese Unfähigkeit, mit einem negativen Feedback umzugehen, hemmt uns auch beruflich, denn sie verhindert, dass wir uns konstruktive Kritik zu eigen machen, die uns helfen könnte, besser zu werden. Von Männern habe ich mehrfach gehört, dass sie es vermeiden, ihre weiblichen Mitarbeiter zu kritisieren – egal wie hilfreich solch ein Feedback für das Ergebnis eines Projektes oder einer Situation gewesen wäre –, weil sie befürchten, dass diese »dann weinen«. Und leider stimmt das manchmal auch. Macht das nicht wunderbar deutlich, wie uns unser Perfektionismus sabotiert?

So wie unser Verstand uns sagt, dass Perfektionismus einen in vielerlei Hinsicht ausbremst, so sind wir auch klug genug, um zu wissen, dass diese jahrzehntelange Konditionierung nicht über Nacht verschwinden wird, nur weil wir uns dieser Mythen bewusst sind. So großartig es wäre, wenn man einfach nur ein Buch lesen müsste, um wunderbarerweise von den Fesseln des Perfektionismus befreit zu sein, es funktioniert leider nicht. Wir werden erst frei, wenn wir uns mit dem Mut verbünden. Das lernen Sie im dritten Teil. Dann und nur dann verschwindet das Perfect Girl 3.0 und macht Platz für eine mutige und selbstbewusste Frau.

Die Wahrheit über Perfektion

Jenseits aller Mythen rund um die Perfektion existiert eine große Wahrheit: Perfektion ist langweilig.

Wir denken, dass »Perfektion« unser ultimatives Ziel sein müsste. Keine Fehler, keine Mängel, keine Kanten. Aber in Wirklichkeit sind es die Ecken und Kanten, die uns interessant machen und unser Leben bereichern. Wenn wir unsere Unvollkommenheit annehmen, schenken wir uns Zufriedenheit. Und außerdem: Wenn Sie bereits perfekt sind, wie wollen Sie dann noch Freude am Lernen und Weiterkommen haben? Schon immer mochte ich die Geschichten über den Basketball spielenden Präsidenten Obama. Er war nicht besonders gut, auch technisch nicht. Aber es machte ihm Spaß, und er trainierte und trainierte – und er wurde besser, beim Korbwurf, aber auch darin, zu akzeptieren, dass es in Ordnung ist, wenn man etwas nicht perfekt kann. Einen neuen Teil seines Gehirns zu trainieren, empfand er als befriedigend – und unter anderem diese Qualität machte ihn zu einer wahren Führungspersönlichkeit.

Die interessantesten Menschen, die ich kenne, haben Schwächen und Eigenheiten, und die machen sie so einzigartig. Meine

Freundin Nathalie kommt chronisch zu spät – aber wenn sie dann da ist, unterhält sie uns mit ihren unglaublichen Erlebnissen. War Daruuk zu Besuch, sieht unser Apartment aus, als hätte eine Bombe eingeschlagen –, aber er ist einer der kreativsten Denker, die ich je getroffen habe. Adita hält sich nie zurück und sagt alles, so wie es ihr gerade durch den Kopf schießt – ihre Beobachtungen sind manchmal nicht besonders angenehm, aber treffen in der Regel genau ins Schwarze und sind dadurch sehr hilfreich. Was mich angeht, ich weiß, ich habe gerne recht und bin da auch ein bisschen (okay, nein, sehr) penetrant, aber genau deshalb bin ich eine so hartnäckige Verfechterin meiner Ideale.

Denkt man genauer nach, ist es irgendwie seltsam, dass wir uns so sehr um Perfektion bemühen, wo dieser Zustand doch eigentlich so wenig befriedigend ist.

Mut hingegen bereichert Ihr Leben genau an dem Punkt, an dem Perfektion Ihnen einst etwas wegnehmen wollte: Es geht um die wahre Freude; um das Gefühl, wirklich etwas geleistet zu haben; Herrin zu sein über Ihre Ängste und diese in Schach halten zu können; die Offenheit für neue Abenteuer und Möglichkeiten; Fehler, Ausrutscher, Schnitzer und Mängel akzeptieren zu können, die Sie zu einem interessanten Menschen machen und Ihr Leben einzigartig. Und zu *Ihrem*.

Zweiter Teil

Mut ist angesagt

4

Brave Is the New Black – Mut ist angesagt

Für uns Frauen ist dieser Moment, in dem ich diese Zeilen schreibe, ein nationaler Wendepunkt. Es begann, als wir im Herbst 2017 Zeuginnen wurden, wie beeindruckend weiblicher Mut sein kann.

Die *New York Times* enthüllte in einem vernichtenden Artikel, dass Hollywood-Titan Harvey Weinstein Frauen jahrzehntelang sexuell belästigt hatte, und das löste eine Flut von Erfahrungsberichten weiterer Frauen aus. Fast täglich erreichte mich auf dem Handy ein News Alert über einen weiteren einflussreichen Typen in der Unterhaltungsindustrie, im Sport, in der akademischen Welt, den Medien oder in der Politik, der seine Stellung dazu benutzt hatte, um Frauen zu bedrängen, zu missbrauchen und sie dann zum Schweigen zu zwingen. Zunächst langsam, aber dann immer schneller und ungebremster schlossen sich mehr und mehr Frauen der #MeToo-Bewegung an, sie alle ließen Jahre der Scham hinter sich. Trotz aller Angst standen sie auf und sagten: *Es reicht.* Wir lassen uns nicht mehr mundtot machen. Wir spielen nicht länger mit. Wir lassen uns nicht mehr kleinmachen und bevormunden, nur weil »es eben so ist«. Sie schrieben Geschichte: Die Karrieren und das Ansehen dieser bis dato unantastbaren Männer zerfielen zu Staub.

Die #MeToo-Bewegung gab zahllosen Frauen ihre Stimme zurück, doch sie zeigte der Welt auch, was passiert, wenn Frauen sich zusammentun und beschließen, mutig zu sein. Und sie gab uns die Möglichkeit, anders über Mut zu sprechen: Zu fragen, warum er wichtig ist, wer mutig ist (nun … wir alle) und vor allem, was wir darunter verstehen, mutig zu sein.

Zum Zeitpunkt der Entstehung dieses Buches kann man noch keine Aussagen darüber treffen, welche langfristigen systemischen Veränderungen die Bewegung hervorbringen und ob sie zu mehr Gleichberechtigung in der Machtverteilung führen wird. Aber die Entwicklungen machen mir Hoffnung. Ich war stolz auf Serena Williams, als sie die unausgesprochene Verhaltensregel in ihrem Sport brach und sich sehr emotional gegen eine offensichtlich parteiische Entscheidung zur Wehr setzte und auf diese Weise für sich selbst und für alle Tennisspielerinnen eintrat. Wie festgenagelt saß ich vor dem Fernseher und sah dabei zu, wie die verängstigte, aber unbeirrte Dr. Christine Blasey Ford im Senat gegen Brett Kavanaugh, einen Richter des Obersten Gerichtshofs, aussagte. So werden Frauen die Welt verändern, eine mutige Stimme nach der anderen.

Immer mehr Frauen zeigen ihren Mut auf ganz verschiedene Art und Weise: Sie attackieren alte festsitzende Stereotype, sie verlangen Gehör, prangern Ungerechtigkeit an, schlagen die Gläserne Decke ein und noch so viel mehr. Es ist an der Zeit, Mut zu einer Eigenschaft umzudefinieren, die jeder Mensch in sich entdecken kann, unabhängig von Geschlecht und Biologie.

Ist Mut eine männliche Eigenschaft?

Spoiler Alert: Nein!

Eine der denkwürdigsten Reaktionen auf meinen TED-Talk zum Thema Mut kam von einem Mann, der einen Kommentar auf der Website *Armed and Dangerous* (dt.: Bewaffnet und gefährlich) postete (deren Slogan lautet: Sex, Software, Politik und Waffen. Die einfachen Freuden des Lebens ...) Er schrieb, dass Frauen wegen ihrer Eierstöcke weniger mutig seien. Ja, richtig gelesen: wegen unserer Eierstöcke.

Er behauptete, Frauen seien evolutionsbedingt von Natur aus vorsichtiger und ängstlicher. Er äußerte die Ansicht, dass »Frauen nur eine begrenzte Zahl an Eisprüngen in ihrem Leben haben und dass in der Frühzeit der Menschheit eine Schwangerschaft lebensgefährlich war. Männer hingegen haben eine praktisch unbegrenzte Anzahl an Spermien – deswegen ist der Einfluss eines einzelnen Mannes auf den Reproduktionserfolg viel geringer als der einer einzelnen Frau. Logische Schlussfolgerung: Es wäre doch verrückt, wenn Frauen nicht *instinktiv* weniger risikoscheu wären als Männer.«

Hören Sie mal gut zu, Sir: Meine Eierstöcke bestimmen nicht mit, wie mutig ich sein möchte. Sein Gedankengang hört sich vielleicht logisch an, und seine männlichen Kumpels werden zustimmend nicken, aber es stimmt einfach nicht. Solche Argumente sind leider weit verbreitet, und wir müssen mit ihnen aufräumen, und zwar sofort.

Mut ist nicht angeboren. Männer sind nicht biologisch dazu auserkoren, das mutigere Geschlecht zu sein, es braucht mehr als Testosteron. Unglücklicherweise hört man dieses Argument »Männer sind von Natur aus mutiger als Frauen« oft und in verschiedenen Varianten. Ich bin sicher, Sie haben die eine oder andere Variante auch schon oft gehört: Unsere Gehirne gehen unterschiedlich mit Risiken um. Männer sind mutiger, weil sie mehr Testosteron haben oder weil sie in der prähistorischen Zeit darauf programmiert wurden, potenzielle Fortpflanzungspartnerinnen mit ihrer Unerschrockenheit zu beeindrucken. Das ist doch alles völliger Quatsch.

Evolutionär argumentiert geht es um den Fortpflanzungserfolg beziehungsweise das Überleben des Stärkeren. Aber auch diese Theorie, nach der männlicher Mut eine Eigenschaft ist, die der Spezies das Fortbestehen sichert, muss dringend revidiert werden. Dieses ganze »Ich Tarzan/Du Jane«-Denken vom großen kräftigen Neandertaler, der unerschrocken riesige Mammuts jagt, während seine barfüßige, schwangere Frau sich in der Sicherheit der Höhle um Haus und Herd kümmert, ist, um es vorsichtig auszudrücken, ziemlich überholt. Es hat vielleicht Millionen Jahre gedauert, aber inzwischen sind wir doch weit entfernt von jenen Tagen, als die Aufgabe der Frau darin bestand, Beeren zu sammeln, Kuchen zu backen oder einen trockenen Martini zu mixen und nicht mehr zu sein als eine angenehme Zierde.

In der heutigen Welt ist Mut nicht mehr nur abhängig von körperlicher Überlegenheit. Es gibt Hunderte Beispiele von Mädchen und Frauen, die auf verschiedenste Arte und Weisen mutig sind. Von Chelsea Manning, der Transgender-Soldatin, die geheime Informationen der US-Streitkräfte publik machte, über die australische Senatorin Larissa Waters, die ihr Recht als arbeitende Mutter einforderte und ihrer Tochter im Parlament die Brust gab, bis hin zu den vielen Frauen, die ihre Existenzgrundlage und ihre Reputation aufs Spiel setzten, um die sexuellen Übergriffe einflussreicher Männer anzuprangern – alles Beispiele dafür, dass wir den Mut und die Frage, wo er zum Einsatz kommt, neu definiert haben.

Das alles sind gute Nachrichten für uns Frauen, denn die Biologie können wir zwar nicht ändern, aber unsere Umwelt schon – zumindest unseren Umgang mit ihr. So, wie wir gelernt haben, Perfect Girls zu sein, können wir jetzt lernen, mutige Frauen zu sein.

Was ist eigentlich mutig?

2013 gab es zwei große Ereignisse in meinem Leben. Ich verlor das Rennen um die Position als Bürgerbeauftragte, und ein paar Tage später hatte ich die dritte Fehlgeburt. Ich war am Ende. Alles, was ich tat, ging daneben, und ich hatte das Gefühl, dass sich das nie mehr ändern würde.

Kurze Zeit später überredete mein Mann mich zu einer Reise nach Neuseeland, wo unser Freund Jun heiraten würde. Jun ist eher der Abenteurertyp, also bestand das gesamte Programm der Hochzeitsfeier aus lauter Herausforderungen. Auch Bungee-Jumping war dabei. Nun leide ich unter Höhenangst, was bedeutet, dass mir schlecht wird, sobald ich auf einem hohen Gebäude stehe. Sie können sich also vorstellen, dass ich wirklich keine große Lust hatte, mich mit lediglich einem Gummiband um meinen Knöchel von einer Brücke zu stürzen. Gleichzeitig hatte ich das Gefühl, keine Kontrolle mehr über mein Leben zu haben, und irgendwie dachte ich, dass ich, wenn ich meine Höhenangst überwinden würde, dadurch vielleicht die ständige Frustration und Trauer abstreifen könnte, die ich schon viel zu lange mit mir herumtrug.

Also sprang ich. Ja, im Tandem mit meinem Mann, und ich kniff die ganze Zeit die Augen zu und betete zu jedem Hindu-Gott, den ich kenne, aber ich sprang. Ich hatte fürchterliche Angst, aber es wäre gelogen, wenn ich nicht zugeben würde, dass es auch aufregend und befreiend war, so durch die Luft zu fliegen. Nach dieser Reise kam ich zurück in die USA, nahm meine Karriere wieder auf und versuchte, noch einmal schwanger zu werden – und beides klappte besser als gedacht.

Was davon war das Mutigste? Orientiert man sich an der traditionellen (also der männlichen) Definition von Mut, würde man wahrscheinlich sagen, der Bungee-Sprung. Aber wahrer Mut ist mehr als Waghalsigkeit. Für mich sind alle drei – der Sprung, die Wiederaufnahme meiner Karriere nach der demütigenden Niederlage, der Versuch, nach drei schrecklichen Fehlgeburten schwanger zu werden – persönliche Akte des Mutes. Mut hat so viele Gesichter, und sie sind alle wertvoll und wichtig. *Jede Art von Mut ist wichtig*, weil man durchs Mutigsein immer mutiger wird. Unser Mut-Muskel wird durch jede Tat gestärkt, egal ob groß oder klein. Das meine ich damit, wenn ich sage, es ist an der Zeit für eine neue Definition von Mut, und zwar nach unseren Vorstellungen.

Trau dich, in einer Welt voller Prinzessinnen ein Hotdog zu sein

Wie also definiere ich Mut?

Mutig ist meine Freundin Carla, die eine extrem erfolgreiche Firma verließ, weil die Beziehung zu der Mitgründerin zerrüttet war. Es hat ein paar Jahre gedauert, bis sie den Mut dazu aufbrachte. Sie hatte so viel in den Aufbau der Firma investiert und für deren Erfolg getan, dass sie inzwischen nicht mehr wusste, wer sie ohne diesen Teil ihres Lebens war.

Mutig ist Shannon, die eine bequeme fünfundzwanzigjährige Ehe und ein entspanntes Leben aufgab, weil sie tief in ihrem Inneren wusste, dass sie lesbisch ist und dass sie es ihr ganzes weiteres Leben bedauern würde, wenn sie nicht ihrem Herzen folgte. Audrey, die Babysittern meines Sohnes, ist mutig, sie erkrankte an Brustkrebs und besiegte ihn. Mutig ist jede Frau, die einen Lebensweg oder einen Partner wählt, den ihre Familie ablehnt, die alleine ein Kind bekommt oder die ihrer inneren Stimme glaubt, dass Mutterschaft nichts für sie ist. Jede Frau, die nach der Geburt ihrer Kinder wieder zur Schule geht oder zur Arbeit, und jede

Frau, die sich entscheidet, das nicht zu tun. Und mutig ist jede Frau, die sich traut, mit der Illusion aufzuräumen, dass sie alles im Griff hat, und die deshalb um Hilfe bittet.

Mutig ist die Frau, die Unrecht anprangert, selbst wenn sie damit ihre Karriere oder ihr Ansehen aufs Spiel setzt. Jede Frau, die ein Nachsehen mit ihren Fehlern hat und sich herausnimmt, ihren Kindern auch mal Pizza statt eines selbst gekochten Essens vorzusetzen, die, wenn sie unrecht hat, »es tut mir leid« sagt, ohne sich zu verteidigen oder die Schuld jemand anderem zuzuschieben.

Es ist mutig, die zu sein, die man ist, stolz und selbstbewusst, und zwar ohne sich dafür zu entschuldigen. Beispiele gibt es genug, und nicht nur da, wo man sie erwarten sollte. Vor Kurzem ging ein Foto der fünfjährigen Ainsley aus North Carolina durchs Netz. Zur »Princess Week« ihrer Tanzgruppe kam sie verkleidet, aber nicht als Cinderella oder als eine der Schwestern aus *Frozen* – sondern als Hotdog. Die Tanzlehrerin war so beeindruckt von Ainsleys mutiger Entscheidung, dass sie ein Foto online stellte – und im Internet drehten sie durch. Die Twitterwelt jubelte diesem kleinen Mädchen zu, das, ohne es zu wissen, jeden von uns inspiriert hat, der davon träumt, seine eigene verrückte Seite auszuleben. Mein liebster Tweet: *Trau dich, in einer Welt voller Prinzessinnen, ein Hotdog zu sein.*

Vielleicht kann uns die jüngste Mädchengeneration noch das ein oder andere beibringen in Sachen Mut. Die Tochter meiner Freundin Valerie weiß seit ihrem siebten Lebensjahr, dass sie transgender ist. Valerie half ihr beim Übergang von James zu Jasmine, und mit Beginn des neuen Halbjahrs wechselte Jasmine auf eine andere Schule, wo niemand davon wusste. Sie hielt ihr Geburtsgeschlecht zunächst geheim, denn sie hatte Sorge, dass man sich über sie lustig machen würde oder gar Schlimmeres. Dass Jasmine ihren neuen Mitschülern schließlich von ihrer Geschlechtsidentität erzählte, gehört für mich zu dem Mutigsten, was ich mir überhaupt vorstellen kann. Die Mitschüler waren einen Moment sprachlos, dann scharten sie sich um Jasmine, umarmten sie voller Solidarität und sagten ihr, dass sie stolz seien, sie zur Freundin zu haben.

Mutig ist es, eine unpopuläre Haltung einzunehmen und dabei zu bleiben, wenn eigentlich erwartet wird, dass man mit allem konform geht. Im Januar 2017, ein paar Tage nach der Amtseinführung von Präsident Trump, bekam ich einen Anruf von Ivanka Trumps Büro, und man lud mich ins Weiße Haus zu einem Gespräch über eine Initiative zur Förderung der Informatikausbildung ein, der sie vorsteht. Nur wenige Tage danach unterzeichnete der Präsident ein Dekret, das die Einreise von Bürgern aus sieben mehrheitlich muslimischen Ländern untersagte. Als Tochter von Flüchtlingen widerte mich das an, außerdem fühlte ich mich den Mädchen verpflichtet, die an Girls Who Code teilnehmen. Ich lehnte Ivanka Trumps Einladung zu einer Zusammenarbeit mit dieser Regierung ab.

Etwas später im selben Jahr trafen sich viele der großen Tech-Leader in Detroit und feierten, dass das Ministerium für Bildung 200 Millionen US-Dollar für Informatikunterricht an Kindergärten und Schulen zugesagt hatte. Ich war nicht dabei, weil ich immer noch der Meinung war, dass ich ein Zeichen setzen musste gegen eine Regierung, die mit ihrer Bigotterie so viel Unheil anrichtet.

Ich war so erbost, dass ich noch weiterging und der *New York Times* einen Meinungskommentar zusagte, in dem ich meine Position erläutern wollte. Ich bin ganz ehrlich: An dem Tag, an dem er erscheinen sollte, hatte ich panische Angst. Ich stand zu dem, was ich geschrieben hatte, aber ich wusste auch, dass einige Leute in der IT-Branche richtig sauer sein würden. Es ist sehr schwer, sich gegenüber mächtigen Menschen zu behaupten, und mir war klar, dass das Ganze ernsthafte Konsequenzen haben könnte. Ich wusste, ich könnte Fördergelder verlieren, weil ich einige der wichtigsten Unterstützer von Girls Who Code angegangen war, die meisten davon große Tiere in der Tech-Branche, die ihre moralische Haltung nicht gern infrage gestellt sehen. Aber ich musste meine Angst überwinden und tun, was ich für richtig hielt. Lieber stellte ich mich den Konsequenzen, als vor einem Tyrannen klein beizugeben, nur weil ich mich meinen Geldgebern gegenüber in der Pflicht sah.

Erstaunlicherweise gab es die befürchtete Gegenreaktion nicht. Stattdessen trafen aus dem ganzen Land kleine Spenden ein, zusammen mit Dankbarkeits- und Solidaritätsbekundungen. Lehrer, denen stärkere Diversität wichtig ist, ermunterten mich, Mütter bedankten sich für meine Haltung, eine schrieb: »Es gibt Dinge, die niemals normal werden sollten.« Ich will hiermit nicht sagen, dass ich Applaus verdient habe, sondern dass riskantes Handeln – wie das Einnehmen einer unpopulären Haltung – zwar beängstigend sein kann, man andererseits dafür aber auch häufig bewundert wird und viel Wertschätzung erhält.

Man braucht Mumm, um etwas als Erste zu tun, die Erste zu sein, die Neuland betritt. Wie zum Beispiel die mutigen Frauen, die Bill Cosby, Bill O'Reilly, Roger Ailes, den damaligen Präsidentschaftskandidaten Donald Trump, Investoren im Silicon Valley und viele andere herausgefordert haben, wissend, dass ihnen wahrscheinlich niemand glauben wird. Das war noch bevor die Sache mit Harvey Weinstein ins Rollen kam und so die große #MeToo-Bewegung in Gang gesetzt wurde – wodurch das, was diese Frauen taten, noch mutiger war. Ihre Geschichten wurden vielfach bezweifelt, ihr Ansehen in den Dreck gezogen, sie waren schlimmsten Drohungen und Hassattacken in den Medien ausgesetzt, und dennoch weigerten sie sich, einen Rückzieher zu machen.

Eine Zeit lang sah es so aus, als wäre ihr Engagement umsonst gewesen. Aber wie wir heute wissen, ist das Gegenteil der Fall. Obwohl sie es zu der Zeit noch nicht wissen konnten, schlugen sie eine kleine Kerbe in die Bruchlinie, die dann eines der größten Erdbeben der modernen Sozialgeschichte auslöste. Wer weiß, ob es ohne sie überhaupt zu #MeToo gekommen wäre? Sicher aber ist, dass Mut ansteckend wirkt, und wenn eine einzelne Frau sich erhebt, inspiriert es viele andere, das auch zu tun.

Das sind die großen, öffentlichen Formen von Mut. Aber die leisen, wenn wir im Privaten etwas anpacken, sind ebenso wertvoll. Valentina, eine Absolventin von Girls Who Code, beschloss im ersten Jahr an der Highschool, wieder ihre Naturkrause zu tragen. Das hört sich vielleicht nach einer unbedeutenden Entscheidung an, aber an ihrer Schule gab es so etwas einfach nicht; glänzende glatte Haare waren das Schönheitsideal. Gab es unfreundliche Kommentare von Mitschülern? Ja. Aber nachdem viele Mädchen ihr im Vertrauen erzählt hatten, dass sie sich wünschten, ebenfalls so viel Mut aufzubringen, gründete Valentina an ihrer Schule einen Klub namens Know Your Roots, kenne deine Wurzeln. »Wir spüren gesellschaftlichen Druck, unser Haar zu glätten, nur um dazuzugehören«, sagte sie. »Ich wusste nicht, dass so viele Mädchen genauso verunsichert waren wie ich und dass es ihnen schwerfällt, sich mit ihren Haaren, so wie sie sind, schön zu finden.«

Mut heißt nicht, dass man immer das Größte, Gewagteste, Widerständigste tut. Manchmal ist es sogar mutiger, sich selbst zu erlauben, nicht zu tun, was von einem erwartet wird. Als mein Sohn geboren wurde zum Beispiel, da hatte ich vor, ihn so lange wie möglich zu stillen. Jedes Buch (jede Hebamme im Kranken-haus … jede andere Mutter, die ich kannte …) machte es einem weis, und natürlich wollte ich nur das Beste für ihn, also fühlte ich mich dazu verpflichtet. Ich wollte verdammt noch mal die beste Mutter aller Zeiten werden!

Doch als ich wieder anfing zu arbeiten, wurde es schwierig. Alle drei Stunden war ich auf der Suche nach einem Rückzugs-ort, in den kleinen muffigen Flugzeugtoiletten tropfte mir Mut-termilch auf die Bluse, ich stellte mir den Wecker auf fünf Uhr morgens, um Shaan noch einmal zu stillen, bevor ich zur Arbeit ging. Ich fühlte mich elend, war frustriert und erschöpft – und obendrein total genervt von meinem Mann, weil er sich mit dem Thema Stillen nicht beschäftigen musste. Ich hatte erwartet, ei-ne glückliche junge Mutter zu sein, und nun das. Ich bat meine Freundin Esther Perel um Rat, eine bekannte Psychotherapeutin und Beziehungsexpertin. Als ich ihr erzählte, wie es um mich stand, sah sie mich an und sagte nur knapp: »Hör mit dem Stil-len auf.«

Wow! Das war wie ein Schlag vor den Kopf. Ich hatte tatsäch-lich noch nicht ein einziges Mal darüber nachgedacht, nicht mehr zu stillen. Ich hörte auf, und schon wenige Tage später genoss ich das Muttersein voll und ganz. Jetzt konnte ich die Mutter sein, die ich sein wollte, und war nicht länger ein abpumpendes, wei-nendes, frustriertes Wrack.

Genauso wie es für die bereits genannte Sharon eine mutige Entscheidung war, ihre Ehe zu beenden, gibt es Frauen, die den Mut aufbringen, bei ihrem Partner zu bleiben. Viele Jahre hielt man es für mutig, dass eine betrogene Ehefrau den Mann verlässt und alleine weiterzieht, schon deshalb, weil eine Scheidung so beschämend ist. Heute jedoch, so erklärt Ester in ihrem neuen Buch *Die Macht der Affäre. Warum wir betrügen und was wir daraus lernen können*, ist es nicht mehr die Scheidung, die stigmatisiert. Heute schaut man skeptisch auf Frauen, die trotz des Betrugs beim Partner bleiben. Und doch ist das für einige die richtige Entscheidung. »Frauen können ganz unterschiedliche Gründe habe, warum sie entscheiden, dass diese eine Erfahrung nicht ausschlaggebend ist in einer jahrelangen Beziehung, und das sollten sie ohne Angst vor Verurteilung durch ihre Umwelt tun können«, sagt sie.

Es ist mutig, sich selbst wichtig genug zu nehmen, um Nein zu sagen, wenn Sie etwas nicht tun wollen, vor allem, wenn man damit einen Freund oder geliebten Menschen enttäuscht. Irre, wie schwierig das manchmal ist, oder? Unser Perfect-Girl-Training, in dem wir gelernt haben, auf jeden Fall hilfsbereit und zuvorkommend zu sein, lässt sich nicht so einfach abschütteln. Wie oft sind Sie zu einer Party gegangen, haben sich in ein Amt wählen lassen, in der Schule Ihres Kindes mitgeholfen, einem Familienmitglied Geld geliehen oder einem Freund einen großen Gefallen getan, obwohl Sie das eigentlich nicht wollten? Man braucht Mut, um zu sagen: »Es tut mir leid, aber ich habe im Moment nicht die Zeit, mich darum zu kümmern«, und noch viel mehr Mut, um zu sagen »Danke, aber ich will nicht«, ohne sich zu entschuldigen oder zu erklären (das fällt mir auch noch immer sehr schwer …).

Wenn man auf »Perfekt oder gar nicht« konditioniert wurde, ist es mutig, etwas zu tun, von dem man nicht weiß, ob es gelingen wird. Sue Lin arbeitete monatelang an einem Treatment für eine neue Comedy-Show und hatte Panik davor, den Pitch an die Netflix-Redaktion zu schicken, denn sie befürchtete, dass eine Ablehnung sie schwer deprimieren würde. Aber sie atmete tief durch und schickte die Mail ab. Marissa hatte Angst, sich nach ihrer Scheidung wieder auf eine Verabredung einzulassen, trotzdem legte sie ein Profil bei einer Dating-App an. Wie uns allen war auch ihr klar, dass es keine Erfolgsgarantien gibt, aber sie wusste auch, dass ihre Chancen um 100 Prozent steigen, wenn sie sich in die Welt hinaus wagt, statt zu Hause zu bleiben und sich eine Staffel *Downton Abbey* nach der anderen reinzuziehen.

Die Quintessenz von alldem ist, dass wir Mut nicht als etwas Eindimensionales betrachten sollten. Mut ist vielseitig, variabel und kontextabhängig – so kann jemand in einer Hinsicht mutig und in der anderen nicht mutig sein. Man kann kühn und leidenschaftlich auf geschäftlicher Ebene handeln, ist bei der Partnersuche aber eher scheu, oder man agiert selbstbewusst an der Börse, würde aber nie im Leben Fallschirm springen. Ich habe schon vor Zehntausenden von Menschen Reden gehalten, aber der Gedanke, auf der Geburtstagsfeier einer Freundin vor allen Karaoke zu singen, macht mir eine höllische Angst.

Mut ist außerdem eine sehr persönliche Sache. Manche Leute finden, sich an einer Steilwand abzuseilen, sei so ungefähr das Mutigste auf der Welt; für andere ist es eine Rede vor zwanzig Personen. Soldaten in der Schlacht sind mutig; ebenso die Frauen, die für das Recht auf Empfängnisverhütung und Familienplanung kämpfen. Menschen, die Erste Hilfe leisten, sind mutig; und ebenso mutig sind die Frauen, die ihre Lebensgrundlage verlieren, weil sie sexuellen Missbrauch durch einflussreiche Männer anprangern. Senator John McCain war mutig, als er seinem Gewissen folgte und sich im September 2017 auf die Seite des politischen Gegners schlug; und Shonda Rhimes war mutig, als sie ethnisch gemischte Paare in ihrer erfolgreichen Fernsehserie zur Norm machte.

Das alles ist mutig, und es ist wichtig.

Nicht zufällig benutzen wir das Kompliment »Eier in der Hose haben« paradoxerweise auch, wenn eine Frau etwas Gewagtes oder Tapferes tut. Es impliziert natürlich, dass Mut und Macht ihren Sitz in den männlichen Hoden haben. Nun ja, genauso wenig, wie wir wie Männer sein müssen, um mutig zu sein, müssen wir wie Männer sein, um erfolgreich zu sein. Dieses veraltete, völlig überholte Denken habe ich wirklich satt.

Es ist ja nicht so, dass es uns irgendwie voranbringt, wenn wir uns wie ein Kerl benehmen. Im Berufsleben werden Frauen immer noch schlechter bezahlt, selbst wenn sie die gleichen Karrierestrategien verfolgen wie Männer. Immer wieder hören wir von der Zwickmühle, in der wir uns befinden: Verhalten wir uns nicht fürsorglich, zugewandt und liebevoll, dann mag man uns nicht – aber verhalten wir uns genauso, dann schaffen wir es nicht in Führungsetagen. Wir haben keine Chance, wenn wir selbstbewusst, geradeheraus und hart im Nehmen sind, und ebenso wenig, wenn wir es nicht sind. Studien belegen immer wieder, dass Frauen, die stereotype »männliche« Verhaltensweisen wie beispielsweise eine gewisse Härte oder nonverbales Dominanzverhalten (z.B. jemandem beim Sprechen ununterbrochen in die Augen zu schauen) an den Tag legen, auf starke Ablehnung stoßen. In der Arbeitswelt wird durchsetzungsstarkes Verhalten bei Frauen nicht anerkannt. Ich möchte hinzufügen: »noch nicht«. Ich bin überzeugt, dass wir das innerhalb einer Generation verändern können, wenn wir Geschlechterstereotype schon bei Kindern entgegenwirken.

Aber was ist Hier und Jetzt mit uns? Um aus dieser Zwickmühle herauszukommen, müssen wir lernen, mutig zu sein, aber nicht auf die männliche Art, sondern auf die weibliche. Weg mit den traditionellen Vorstellungen und Definitionen, lasst uns unseren eigenen Weg gehen, denn unsere Herangehensweise ist genauso wertvoll – wenn nicht wertvoller. Es wird Zeit, dass wir unsere Stärken ausspielen, statt sie zu verstecken, egal für wie »männlich« oder »weiblich« wir sie halten. Frauen sind emotionaler als Männer? Großartig. Ich würde sagen, das ist ein Pluspunkt, kein Nachteil, und Forschungen belegen das. Nur eines von vielen Beispielen: PricewaterhouseCoopers und das Crowdfunding Center haben ermittelt, dass Frauen bei Crowdfunding-Aktionen um 32 Prozent erfolgreicher Gelder einwerben als Männer. Warum? Weil sie für ihre Präsentationen eine emotionalere und lebendigere Sprache wählen als Männer, und das finden Geldgeber ansprechender als die abgedroschenen kriegs- und Sportmetaphern und die übliche trockene Businesssprache.

Das Gleiche gilt für Frauen und Risikobereitschaft. Ja, Frauen gehen grundsätzlich weniger Risiken ein als Männer. Das könnte man ängstlich nennen, ich nenne es durchdacht, es ist einfach kluge Vorsicht. Und nicht wenige glauben, dass mit den Lehman Sisters eine vergleichbare ökonomische Krise vielleicht niemals passiert wäre.

Lange haben wir versucht mitzuspielen, indem wir uns an die Spielregeln der Männer gehalten haben. Das ist ungefähr so sinnvoll wie zu versuchen, ein unbekanntes Gelände zu erforschen, indem man den Spuren anderer folgt. Wir können nichts Einzigartiges vollbringen, wenn wir das Rezept eines anderen anwenden, und genauso wenig können wir erfolgreich sein, wenn wir unseren Erfolg an der Definition eines anderen bemessen. Und Hand aufs Herz: Warum sollen wir erfolgreich nach den Regeln eines anderen spielen?

Wir müssen unsere Herangehensweise ändern, die Dinge glaubwürdig und auf unsere Weise umsetzen. Auf weibliche Art mutig zu sein, bedeutet, die eigenen Entscheidungen darauf auszurichten, was man selbst will und was einen glücklich macht, nicht auf das, was andere von einem erwarten oder für einen vorgesehen haben. Ist es wirklich unser Wunsch, Senatorin zu werden oder CEO eines börsennotierten Konzerns, großartig! Aber das muss nicht sein. Genauso wenig wie es eine »richtige« Art gibt, mutig zu sein, genauso wenig gibt es eine allgemeingültige Definition für Erfolg.

Wir wissen, dass es Voreingenommenheit gegenüber Frauen in der Arbeitswelt, in der Politik, eigentlich überall gibt. Frauen sind tatsächlich strukturell benachteiligt, das kann man nicht bestreiten. Es gibt rund 500 000 gewählte Amtsträger in den USA, 79 Prozent davon sind immer noch weiße Männer. Bedeutet das, dass man sich als dunkelhäutige Frau nicht zur Wahl stellen sollte? Natürlich nicht. Es bedeutet nur, dass man sich dieser Situation bewusst sein sollte, sich darüber im Klaren sein sollte, dass man verlieren kann – und dann *trotzdem antreten*.

Ich werde Ihnen nicht raten, einfach noch härter zu arbeiten, um ihre Ziele zu erreichen. Ich rate Ihnen, lassen Sie nicht zu, dass Ihre Ängste Sie davon abhalten, Ihre Ziele zu verfolgen. Ich rate Ihnen, nicht aufzugeben, bevor Sie es überhaupt versucht haben. Wenn es gelingt, dann wird dieser Erfolg umso strahlender sein, weil er durch Mut und wahre Leidenschaft errungen wurde. Und wenn nicht, dann sind Sie vielleicht enttäuscht, aber Sie werden dennoch stolz sein, weil es, wie Carol Dweck es nennt, ein »ehrliches Scheitern« ist.

Wir haben schon viel erreicht, aber es wird noch dauern, bis sich wahre Gleichstellung durchsetzt. Das ist die schlechte Nachricht. Aber die gute Nachricht ist, dass es unsere Entscheidung ist, wie wir mit den Hindernissen umgehen. Ich bin der Meinung, dass wir nicht länger darum kämpfen sollten, Macht, Respekt und Chancen von anderen zu erhalten – wir sollten mutig sein und sie uns selber erschaffen.

Verstehen Sie mich nicht falsch: Ich glaube, es ist wichtig, dass wir uns so energisch wie möglich um kulturelle Veränderungen bemühen. Es ist nicht in Ordnung, dass unsere Mädchen in einer Welt aufwachsen, in der sie lernen, dass sie sich zu Tode hungern müssen, um irgendwelchen unrealistischen Schönheitsidealen zu entsprechen, oder dass ein Abschluss in Informatik oder freie Meinungsäußerung reine Jungs-Domänen sind. Für sie und für uns müssen wir eine bessere Welt schaffen, und ich denke, das tun wir, indem wir Mut auf unsere Art neu definieren: wann immer wir die Gelegenheit dazu haben, bei jedem Ziel, das wir uns setzen, jedem Scheitern, jedem Hotdog in einer Welt voller Prinzessinnen aufs Neue. Das tun wir, indem wir den Mut hervorlocken, der in jeder von uns steckt.

5

Warum sollten wir mutig sein?

Bei genauem Hinsehen wird einem klar, dass man eigentlich für alles Wichtige im Leben Mut braucht. Wir brauchen Mut für den zwanzigsten Versuch, ein Rad zu schlagen, nachdem wir es neunzehnmal nicht geschafft haben. Unser Mut schickt uns aufs College oder in die weite Welt hinaus, wo wir niemanden kennen, er lässt uns unserer Leidenschaft folgen, bis hinein in unseren ersten Job. Mut befähigt uns, ein eigenes Business aufzubauen, den Jobs zu wechseln oder die uns zustehende Gehaltserhöhung zu fordern. Weil wir mutig sind, brauchen wir unsere Schwäche nicht zu verstecken und können um Hilfe bitten. Mut macht uns stark, sodass wir vergeben können, wenn uns wehgetan wurde. Mut macht uns großzügig, sodass wir andere Frauen unterstützen können, ohne Angst zu haben, dass wir selber zu kurz kommen. Wie Winston Churchill bereits sagte: »Mut ist die wichtigste Tugend, denn sie ermöglicht erst alles andere.«

Zum Verlieben braucht man Mut. Man braucht Mut, um einem anderen sein wahres Ich zu zeigen, mit allen Fehlern, und mutig ist es auch, den anderen zu akzeptieren, der ebenfalls nicht perfekt ist. Esther Perel sagte zu mir, dass Mut uns ermöglicht, selber verletzbar zu sein und die Verletzbarkeit des anderen sehen und verstehen zu können, und das wiederum stärkt unsere Beziehungen. »Menschen machen Fehler und verletzen sich gegenseitig … darüber sprechen zu können und sagen zu können:

›Es tut mir leid, ich habe Mist gebaut‹, dazu braucht man Mut. Wer mutig ist, kann sich selbst mit all seinen Mängeln erkennen und diese annehmen, ohne sich dauernd dafür schämen zu müssen. Mut macht es möglich, dass wir uns über die schönen Dinge freuen können, die einem anderen widerfahren, selbst wenn sie mit uns nichts zu tun haben.«

Mut verwandelt *alle* unsere strahlenden, makellosen Beziehungen in ehrliche, echte und wahre Verbindungen. Wie oft sind wir ehrlich – wirklich ehrlich – mit unseren Freund*innen? Nur wenn wir unseren Mut-Muskel trainieren, löst sich der Lack von der Oberfläche. Mir sind noch sieben Freundinnen aus der Zeit meines Jurastudiums geblieben. Unsere Leben sind hektisch, und wir sehen einander nur noch ein- oder zweimal im Jahr, aber wenn wir uns sehen, dann ist es, als wäre kein Tag vergangen. Wir sprechen über die wichtigen Dinge des Lebens – Fehlgeburten, Eheprobleme, unsere Ängste, die sonst keiner kennt. Es braucht Mut, um sich anderen gegenüber so weit zu öffnen, aber es ist ein unglaubliches Privileg, einen Raum zu haben, in dem man so offen und ehrlich sein kann.

Mut macht uns zu besseren Eltern. Wenn wir die unrealistischen Ansprüche an uns selber aufgeben, dann wird es auch leichter mit den Kindern. Wenn wir nicht länger besessen sind von ihren Zensuren und Schulabschlüssen, dann ermöglichen wir ihnen, die Freude am Lernen zu entdecken. Dann können wir ihnen zeigen, dass man Spitzenleistungen erzielen kann, ohne dass diese perfekt sein müssen, und dass das Leben nicht zu Ende ist, wenn mal etwas danebengeht oder man scheitert. Es ist mutig, wenn man sein Kind genau den Menschen sein lässt, der es ist, es tun zu lassen, was es möchte, selbst dann, wenn man seine Entscheidungen nicht richtig findet. Es macht unser Kind aber glücklicher und gesünder, und uns selbst auch.

Das hört sich vielleicht ein bisschen kitschig an, aber Mut hilft uns dabei, unsere Träume zu verwirklichen. Dabei ist es völlig egal, ob Sie davon träumen, in der Vorstandsetage zu sitzen, Ihren Job zu kündigen und ein eigenes Geschäft aufzuziehen, ob Sie Hip-Hop-Tänzerin werden oder sich vor Ihrer Familie outen möchten, in einem Tierheim arbeiten, einen Uni-Abschluss nachholen, einen Roman veröffentlichen, heiraten und Kinder kriegen wollen oder durch Ihr Engagement Spuren in dieser Welt hinterlassen möchten – Mut wird Ihnen helfen, das zu erreichen.

Verwenden Sie nicht zu viel Energie auf das perfekte äußere Erscheinungsbild; das ist nur eine Fassade, die jederzeit bröckeln kann. Echte Sicherheit bekommen wir nur mit gestählten Mut-Muskeln, auf sie ist Verlass, was auch immer passiert. Mut ist nicht die Garantie dafür, dass alles klappen wird, aber er garantiert uns, dass wir damit leben können, wenn es nicht klappt. Egal welchen Dämonen wir uns stellen müssen, Mut hilft uns, stark zu bleiben und *nicht aufzugeben*. Mut – nicht Perfektion – bietet uns wahren Schutz.

Mut hält uns über Wasser, wenn wir unterzugehen drohen. Wir alle wissen, dass im Leben immer etwas passieren kann, was wir nicht unter Kontrolle haben. Wir verlieren unseren Job, die Gesundheit schwächelt, geliebte Menschen sterben – das sind Realitäten, denen wir nicht entkommen können. Wenn es wirklich hart wird, dann steht man solche Zeiten auf jeden Fall besser durch, wenn der Mut-Muskel trainiert ist. Ich behaupte nicht, dass die Herausforderungen, denen wir uns manchmal stellen müssen, nicht grausam, unfair oder entmutigend sein können. Aber ich denke, wir können diese Gefühle zur Kenntnis nehmen (jetzt kommt der mutige Teil) und trotzdem durchhalten.

Vor allem aber macht Mut uns frei. Er gibt uns die Kraft, unsere Stimme zu erheben, zurückzulassen, was uns unglücklich macht, und das zu verfolgen, was uns begeistert. Sind wir mutig, können wir erkennen, dass unser herrlich chaotisches, fehlerhaftes Ich in Wirklichkeit der Inbegriff der Perfektion ist.

Dritter Teil

Abschied vom Perfect Girl
Der Weg zu mehr Mut

Es war noch sehr früh am Morgen, als ich auf dem Weg zu einem Vortrag in Atlanta durch den John F. Kennedy Airport lief. Weil ich so zeitig aufgestanden war, um zum Flughafen zu kommen – und weil ich nach der Ankunft direkt zur Veranstaltung musste –, trug ich die Haare auf große Wickler gerollt, die ich bei der Landung herausnehmen wollte. Während ich durch die Sicherheitskontrolle ging, starrten die Leute mich und meine großen Wickler an, und ich musste lachen. Das sah sicher etwas lächerlich aus.

Aber wissen Sie was, es war mir gleichgültig. Immer wieder hatte ich trainiert, mich von der Meinung anderer unabhängig zu machen, und nun war es zu einem Automatismus geworden. Als ich das realisierte, wurde mir einen Moment lang richtig schwindlig.

Es wird Zeit, dass wir Mut zu unserer Gewohnheit machen. Genau wie bei jeder anderen Eigenschaft, die wir zugunsten einer besseren ablegen wollen, machen wir uns zunächst bewusst, was wir verändern wollen (der Perfektion nachjagen), entscheiden uns dann für die Veränderung (indem wir dieses Buch lesen), und ersetzen schließlich ganz bewusst und wiederholt alte Verhaltensweisen und Denkmuster durch bessere. Irgendwann haben sich diese neuen und besseren Gewohnheiten so eingeschliffen, dass sie sich ganz natürlich anfühlen.

Die Strategien, die in diesem Kapitel beschrieben werden, sollen Ihnen dabei helfen. Es sind Tipps, Ideen und Übungen, die ich von Experten und auf meinem eigenen Weg von der Perfektion hin zum Mut (wieder und wieder und wieder ...) gesammelt habe und die Sie dabei unterstützen, Mut zu einer dauerhaften Gewohnheit zu machen. Diese Sammlung ist nicht das Rezept, wie »man mutig wird«; dafür gibt es kein Rezept. Mut ist für jeden von uns etwas anderes, also lesen Sie und übernehmen Sie dann die Strategien, die Ihnen am wichtigsten und für Ihre Belange am hilfreichsten zu sein scheinen. Wenn Sie Angst haben, Nein zu sagen, dann sind die Tipps in Kapitel acht etwas für Sie, »Schluss mit lieb sein«. Wenn Angst vor Ablehnung Ihr Thema ist, dann wählen Sie Kapitel sieben, »Hauptsache, Sie versuchen es«.

Wer eine Gemeinschaft mit anderen Frauen aufbauen möchte, in der man sich gegenseitig persönlich fördert und unterstützt, kann in Kapitel neun darüber lesen, wie man ein Mut-Team bildet. Und für jene unter Ihnen, die immer noch zweifeln, ob sie einen Misserfolg oder einen schweren Fehler verwinden würden: Schauen Sie sich den Notfallplan in Kapitel zehn an, »Wie man eine dicke, fette Niederlage überlebt«.

In jedem Kapitel finden Sie Übungen, die Sie in beliebiger Reihenfolge, täglich und so oft und wann immer Sie wollen wiederholen können. Wie bei allen Übungen werden Sie mit jeder Wiederholung besser, und es wird leichter, und Sie werden merken, wie der Perfektionsanspruch seinen Würgegriff lockert und Ihr Mut sich mehr und mehr zu Wort meldet. Keine Sorge, ich werde Ihnen nicht vorschlagen, mit Lockenwicklern auf dem Kopf durch einen Flughafen zu laufen (es sei denn, Sie möchten das), aber ich verspreche Ihnen, es gibt nichts Aufregenderes als den Rausch, den Sie erleben werden, wenn Sie mit dem Training beginnen und kleine mutige Taten in Ihren Alltag integrieren!

6

Mut als Denkmuster

Ich bin nicht mutig zur Welt gekommen. Tatsächlich war ich früher recht zurückhaltend und ängstlich – bis zum letzten Tag in der achten Klasse, als ein paar bösartige Miststücke es zu weit mit mir trieben.

Die Sonne schien, und es ging eine warme Brise. (Ist es nicht immer schön draußen, kurz bevor etwas Schreckliches passiert?) Die Jahrbücher wurden ausgeteilt, und alle waren aufgeregt wegen der bevorstehenden Zeugnisausgabe. Ich lehnte an der Wand und unterhielt mich mit meiner Freundin Phu, als sie – die fiesesten Mädchen überhaupt – mich umringten, verhöhnten und abfällig »Hadschi« nannten. Sie lachten wie verrückt, machten sich lustig über mich und forderten mich zum Kampf auf. Ja, zu einem echten Faustkampf.

Zuerst rollte ich mit den Augen. In unserer Nachbarschaft waren wir die einzige indische Familie, ich war an Schikane gewöhnt. Sehr oft habe ich meinen Eltern morgens dabei geholfen, Toilettenpapier und Eier aufzusammeln – die Relikte nächtlicher Attacken auf unser Haus. Einmal sprühte jemand »Dot head go home« an unsere Hauswand, einen rassistisch gemeinten Hinweis auf das Bindi, das energetische dritte Auge auf der Stirn von Hindus. Mein Vater und ich sammelten die Eierschalen in unserem Vorgarten auf, und ich fragte mich, ob er sich unser Leben in Amerika so vorgestellt hatte. Meine Eltern sind als Flüchtlinge in dieses Land gekommen, nachdem sie vor einem brutalen Diktator in Uganda geflohen waren. Man gab ihnen neunzig Tage, danach würden sie auf der Stelle erschossen. Trotz all dieser Gewalt, die meine Eltern erlebt haben, entscheiden sie sich immer für Liebe und Güte.

Sie genossen die Freiheit in Amerika und passten sich an. Mein Vater änderte seinen Namen von Mukund zu Mike, und meine Mutter ließ die Beleidigungen, die sie wegen ihres Saris und ihres Bindis im Supermarkt zu hören bekam, an sich abperlen. Sie ließen diese Demütigungen klaglos über sich ergehen und wurden nicht müde, meine Schwester und mich zu ermahnen, es ebenso zu halten.

Normalerweise tat ich das auch. Normalerweise. Aber jetzt hatte ich es satt. Ich wollte nicht mehr gehorsam und still sein. Als diese Mädchen also vorschlugen, sich nachmittags nach der Schule zum Raufen zu treffen, blieb ich cool und sagte zu.

Als die Schulglocke läutete, nahm Phu meine Hand und versuchte, mich zum Bus zu ziehen. »Komm, wie gehen, Resh, mach das nicht.« Wie gerne wäre ich in den Schulbus gestiegen, aber es ging nicht. Ich wusste, jetzt würde ich richtig verprügelt werden. Ich wusste, das hier ging nicht aus wie David gegen Goliath, und es war auch keine Szene aus *Karate Kid*. Ich hatte überhaupt keine Chance, diesen Kampf zu gewinnen. Ich war ein kleines indisches Mädchen, das von seinen Eltern zu Gewaltfreiheit erzogen worden war. Aber ich würde vor diesen Mädchen nicht weglaufen. Ich ging also hinter das Schulgebäude, wo sie schon auf mich warteten, bewaffnet mit einem Wilson-Tennisschläger, einem Baseballschläger und einer Tüte voll mit Rasierschaumdosen.

Ich hatte meinen Rucksack noch nicht abgelegt, da kamen die fiesen Mädchen schon auf mich zu. Ich hörte noch die Rufe und

das Gelächter der Zuschauer – fast alle Achtklässler unserer Schule –, die sich hinter ihnen versammelt hatten. Dann bekam ich
eine Faust aufs Auge und wurde quasi sofort ohnmächtig. Als ich
wieder zu mir kam, waren die Kinder weg; zurückgeblieben waren nur Rasierschaumdosen und leere Plastiktüten.

Am nächsten Morgen erwachte ich mit Schmerzen und einer
schrecklichen Angst. Zu meiner Abschlussfeier am folgenden
Sonntag wollte ich ein schönes blauschwarzes Spitzenkleid tragen, jetzt hatte ich das passende blaue Auge dazu. Aber die körperlichen Schmerzen waren nicht das Schlimmste. Ich schämte
mich. Dieses blaue Auge war für mich ein Zeichen dafür, dass ich
nicht integriert war, dass ich von Gleichaltrigen nicht akzeptiert
wurde. Ich wusste nicht, wie ich diese Zeremonie in Würde hinter mich bringen sollte. Aber ich wusste, wenn ich nicht hingin-
ge, würde ich mich mein Leben lang wegducken. Der Tag meiner Abschlussfeier wurde zu einem wichtigen Wendepunkt in
meinem Leben. Indem ich hinging, entschied ich mich dafür,
mir treu zu bleiben, auch wenn dadurch für alle offensichtlich
wurde, dass ich nicht dazugehörte.

Also steckte ich mir die Haare hoch, legte rosa Lippenstift auf
und beschloss, das blaue Auge mit Stolz zu tragen. Und so wurde meine Abschlussfeier zu meiner ersten großen Verliererparty.
Ganz ehrlich, eine bessere Entscheidung hätte ich nicht treffen
können. Ich fühlte mich mutiger, stärker und stolzer als jemals
zuvor, denn lieber hatte ich ein blaues Auge als ein Herz voller
Angst.

Das blaue Auge verblasste irgendwann, und auch die Erinnerung daran, wie ich mich am Tag meiner Abschlussfeier gefühlt
hatte, verschwand für lange Zeit. Man sollte meinen, dass diese
Jugenderfahrung prägend war, aber unter der Arbeit für all die
Ziele, die ich mir gesetzt hatte, wurde diese Erinnerung begra-

ben. Erst an jenem schicksalhaften Augusttag viele Jahre später, als etwas in mir Klick machte und ich *Es reicht!* dachte, erinnerte ich mich daran, wie befreiend es gewesen war, mich meinen Ängsten zu stellen. In diesem Moment veränderte sich etwas Grundsätzliches in mir, und ich beschloss, mein Leben mutig in die Hand zu nehmen.

Ich habe gelernt, dass mutige Entscheidungen nur mit der richtigen Denkweise entstehen. Hätte ich an diesen beiden schicksalhaften Tagen nicht daran geglaubt, dass ich mutig genug bin für die Konfrontation mit einem Rudel bösartiger Mädchen oder dass ich meinen eingeschlagenen Lebensweg verlassen kann – auch wenn er meine Eltern glücklich machte –, um endlich das zu tun, was ich wirklich will, dann wären alle meine Ängste wahr geworden. Aber irgendwie glaubte ich daran, dass ich so mutig und selbstsicher werden könnte wie die Frau, die ich gerne sein wollte, und irgendwann, trotz vieler Niederlagen und Rückschläge, Einbrüche und kleiner Erfolge, war ich es auch.

Natürlich reicht Wille allein nicht aus, um mutig zu sein. Dafür gibt es keinen Zaubertrank, keinen Königsweg. Und es ist auch nicht so, dass es mit einer mutigen Tat getan ist. Es ist ein fortlaufender Prozess, den wir Tag für Tag durchmachen und der stetiger Übung bedarf. Immer wieder gibt es Rückschläge und neue Herausforderungen, und um die zu bewältigen, müssen wir strategische Denkweisen entwickeln, die Mut zu einer lebensbegleitenden Gewohnheit machen.

Strategie: Ihre Batterien müssen voll sein

Alle Frauen, die ich kenne, sind erschöpft. Wir übernehmen so viele Aufgaben – wir arbeiten und sind Mutter, Freundin, Tochter, Mentorin, Hüterin des familiären Wohlergebens, Haustier-pflegerin, Reise- und Terminplanerin. Dazu kommt der Stress, dies alles perfekt machen zu wollen, und die tief sitzende Kon-ditionierung, die Bedürfnisse anderer über unsere eigenen stellen zu müssen – und fertig ist das Rezept für einen veritablen Burn-out.

Aber es gibt auch gute Neuigkeiten: Die Zeiten, in denen ein Burn-out irgendwie als Auszeichnung verstanden wurde, sind vorbei. Es galt mal als cool, fünfzig Dinge auf einmal zu regeln, quasi durchgehend zu arbeiten, auch im Urlaub oder wenn man krank ist, und sich von Koffein und Energieriegeln zu ernäh-ren. Inzwischen kennen wir den Preis für diese kräftezehrenden Verhaltensweisen, Workaholics sind out, Wellness ist angesagt. Arianna Huffington etwa, die wohl zu den einflussreichsten Me-dienmenschen unserer Zeit gehört, hat einen Riesenbestseller über das Schlafen geschrieben. Das muss man sich mal vorstel-len: Die Mission dieser Frau, laut *Forbes* auf Platz zweiundfün-fzig der mächtigsten Frauen der Welt, ist es, uns zu beweisen, dass Schlaf eines der ultimativen Geheimnisse des Erfolgs ist. Mir soll es recht sein.

Die durch Übermüdung verminderte Produktivität kostet uns und die Wirtschaft Milliarden US-Dollar (5 411 Milliarden Dollar jährlich, um genau zu sein), und viele ernsthafte Erkrankungen wie Adipositas oder Herzprobleme werden auf diesen Stress zu-rückgeführt. Zudem sehen wir schlecht aus und fühlen uns auch so, wenn wir so kraftlos sind. Oder wie Arianna es so schön zu-sammenfasste, als ich ihr davon erzählte, dass ich gerade über Frauen und Mut schrieb: Wir können nicht mutig sein, wenn wir ausgebrannt sind.

Sie hat natürlich recht. Wenn man sich kraftlos fühlt, woher soll dann die Power kommen, irgendwelche Risiken einzugehen?

Wenn man keine Energie hat und das Gehirn wie gelähmt ist, ist es fast unmöglich, genug Mut aufzubringen, um Nein zu sagen oder etwas Beängstigendes auszuprobieren. Ich weiß ja nicht, wie es bei Ihnen ist, aber wenn ich k.o. bin, dann habe ich wirklich gar kein Interesse daran, mich in irgendeiner Form aus dem Fenster zu lehnen. Dann will ich Leggings und ein Sweatshirt anziehen, die Haare zurückbinden, die Kontaktlinsen gegen meine blöde Brille tauschen, mich aufs Sofa hauen und in die Netflix-Welt abtauchen. Erschöpfung und Überforderung bedeuten für den Mut sozusagen den sofortigen Tod.

Man braucht emotionale und auch körperliche Energie, Kondition und Ausdauer, um die Komfortzone zu verlassen. Deshalb lautet die erste und wichtigste Regel für einen mutigen Denkansatz, dass das eigene Wohlbefinden an erster Stelle kommen muss.

Und das sind die Basics:

- **Gesundheit hat Priorität.** Lianna lief vier Tage mit einer schmerzhaften Kieferhöhlenvereiterung herum, weil sie keine Zeit hatte, zum Arzt zu gehen. Aber als ihr Hund krank wurde und sich übergeben musste, ließ sie sofort alles stehen und liegen und brachte ihn zum Tierarzt. Kommt Ihnen bekannt vor? Es ist doch verrückt, wie oft wir die grundlegende Selbstfürsorge vernachlässigen – kein Wunder also, dass so viele von uns an Autoimmunerkrankungen leiden, an Rückenschmerzen, Depressionen oder Ärgerem. Es ist mutig zu entscheiden: *So geht das nicht weiter.* Nie wieder arbeiten gehen oder sich mit einer Freundin treffen, obwohl Sie eine Mega-Erkältung haben, nur weil Sie niemanden enttäuschen möchten. Nie mehr das Work-out oder einen Arzttermin verschieben, weil es sich dann besser mit den Plänen eines anderen abstimmen lässt. Einen beunruhigenden Leberfleck auf der Schulter Ihres Kindes würden Sie nicht ignorieren, und Ihrer besten Freundin würden Sie nicht erlauben, ihren Mammografietermin zu verschieben, nur weil sie zu viel zu tun hat. Mit der gleichen Einstellung sollten Sie auch für Ihr eigenes Wohlergehen sorgen. Ihre Gesundheit hat Priorität, das ist der erste offizielle Schritt zu einer radikal mutigen Haltung.

- **Nehmen Sie sich Zeit für sich selbst.** Eine 2012 erstellte Studie des Families and Work Institute belegte, was wir alle eigentlich wissen: Frauen, die sich regelmäßig Zeit für sich selber nehmen, sind mit ihrem Leben viel zufriedener als jene, die das nicht tun. Aber nur, weil wir wissen, dass Entspannung und Regeneration wichtig sind für uns, heißt das ja noch nicht, dass wir genug davon bekommen. Wer Ja sagt zu den eigenen Bedürfnissen, muss in der Regel auf die eine oder andere Art Nein sagen zu Erwartungen, die ein anderer an uns hat. Und für die Frauen unter uns, die gelernt haben, dass es selbstsüchtig ist, den eigenen Bedürfnissen Priorität einzuräumen, ist das wirklich sehr schwer. Aber dadurch ist es auch mutig.

- **Schlafen Sie! Unbedingt!** Ich gehe einfach mal davon aus, dass auch Sie versuchen, möglichst viel in Ihrem Alltag unterzubringen: vom Aufstehen bei Sonnenaufgang fürs Work-out und einem leckeren Frühstück für die Kinder (eigentlich würden Cornflakes völlig reichen) bis in den späten Abend, an dem sie lange wach bleiben, um E-Mails zu beantworten und auch noch den letzten Teller abzuspülen. Perfektionismus zwingt uns dazu, die Kerze an beiden Enden anzuzünden, aber machen Sie sich nicht vor, dass man mit ein paar Stunden Schlaf »durchkommt«. Studien belegen, dass sieben bis neun Stunden nötig sind, um gut zu funktionieren. Ausgeschlafen zu sein, macht Sie nicht gleich mutiger, aber ich kann Ihnen versprechen, dass man unausgeschlafen garantiert *nicht* mutig ist.

- **Lernen Sie zu meditieren.** Wissenschaftliche Studien belegen, dass Meditation die Aktivität der Amygdala reguliert, das ist der Teil unseres Gehirns, der bei Angst- und Stresszuständen aktiviert ist. Mit nur zehn oder zwanzig Minuten Meditation pro Tag entscheiden Sie, ob Ihr Gehirn aus Angst oder aus Ruhe heraus reagiert.

- **Treiben Sie regelmäßig Sport.** Sie wussten, dass das jetzt kommt. Sorry, aber die Statistiken lügen nicht: Sport hilft gegen alles, sei es Übergewicht oder Stress, Ängste oder Krankheiten – und all das wiederum beeinflusst, ob wir uns leistungsfähig oder ausgelaugt fühlen. Und nur nebenbei, es geht nichts über den Push, den man kriegt, wenn einem im Spiegel eine starke sexy Kampfmieze entgegenschaut. (Nur um das noch mal klarzustellen: Sport soll helfen, dass wir uns gesund fühlen, inspiriert und erfüllt … nicht, um einen perfekten Körper zu bekommen! Bleiben Sie sich treu; Sie wissen, was ich meine.) Und das Geheimnis eines regelmäßigen Workouts ist, wie jeder Fitness-Guru bestätigen wird, dass man ihn fest einplant, genau wie alle anderen wichtigen Dinge.

Strategie: Die Kraft des »Noch nicht«

Ich bin nicht mutig.
Ich bin nicht der Typ, der Risiken eingeht.
Ich kann nicht so gut Nein sagen.

Diese Aussagen sind klassische Beispiele für die bereits erwähnte starre Denkweise. Sie lassen keinen Raum für Entwicklung oder Fortschritt; eine reine Einbahnstraße. Aber schauen Sie, was passiert, wenn Sie diesen Gedanken zwei kleine Worte anfügen:

Ich bin nicht tapfer – noch nicht.
Ich bin nicht der Typ, der Risiken eingeht – noch nicht.
Ich kann nicht so gut Nein sagen – noch nicht.

Plötzlich stecken Sie nicht mehr fest, sondern fühlen sich frei. Jetzt gibt es Bewegung, jetzt können Sie von der Stelle aus, an der Sie momentan stehen, in die Richtung gehen, in die Sie vielleicht wollten. Diese Art des Denkens hilft uns dabei, die Kraft des »Noch nicht« zu spüren, anstatt uns der »Tyrannei des Jetzt« auszusetzen, sagt die Motivationstrainerin und Psychologin Carol Dweck.

Mit dieser kleinen gedanklichen Verschiebung kann man viel erreichen, vor allem wenn es um die Bewertung von Fehlern geht. Sie haben es *nicht* »nicht geschafft« – Sie haben es nur *noch* nicht geschafft. Wenn man es so betrachtet, dann sind unsere Fehler nicht mehr Leuchtfeuer der eigenen Unfähigkeit oder unseres Scheiterns – sondern sie sind nur vorübergehende Rückschläge. Wenn Perfektion nicht das Ziel ist, dann ist ein Rückschlag nicht das Ende. Anstatt zu sagen »Ich hab's vermasselt«, sagen Sie »Okay, ich hab's versucht. Jetzt versuche ich etwas anderes.«

Veronica Roth, die Autorin der erfolgreichen Romanreihe *Die Bestimmung*, erzählte mir, dass sie in ihrer Jugend eigentlich bei allem nach Perfektion gestrebt hat. Wenn sie ein Buchkonzept entwickelte, das nicht ganz gelungen war, nannte sie es gleich »Müll«. Inzwischen hat sie an sich gearbeitet und formuliert es nun so: »Dieses Konzept hat Potenzial, es muss nur noch fertiggestellt werden.« Mit anderen Worten: »Dieses Konzept ist nicht hervorragend … noch nicht.«

Jeder Mensch entwickelt sich weiter; wir sind alle *work in progress*. Nächstes Mal, wenn Sie sich dabei erwischen, dass Sie pauschal über das urteilen, was Sie nicht können, erinnern Sie sich daran, ein »noch nicht« hinzuzufügen. Den Unterschied werden Sie sofort spüren.

Strategie: Angst oder Weisheit – Machen Sie den Test!

Bedächtig zu sein, ist klug. Es ist weise, vorauszudenken und das Für und Wider abzuwägen, bevor man riskante Unternehmungen startet. Wenn wir allerdings zu viel abwägen, zu viel vorbereiten und zu viel analysieren, dann sind wir mehr als vorsichtig und unsere Vorhaben enden in einer Sackgasse.

Unsere Angst markiert die Grenze zwischen vorsichtig und übervorsichtig. Überwinden kann man sie, indem man zu unterscheiden lernt, was kluge Vorsicht ist und was man sich aus Angst einfach nur ausredet. Wenn Sie eine Herausforderung oder eine Gelegenheit vorbeiziehen lassen, fragen Sie sich: *Ist das wirklich die richtige Entscheidung, oder mache ich das jetzt nur, weil ich Angst habe und mich außerhalb meiner Komfortzone bewege?*

Rha Goddess, meine brillante Management-Trainerin, würde es so formulieren «Wer hat das Sagen, deine Angst oder deine innere Weisheit?«

Sie wissen, dass es Ihre Weisheit ist, wenn Sie mit Ihrer Entscheidung nicht hadern. Die Stimme der Weisheit ist ruhig und hat eine gewisse Autorität. Die Angst hingegen ist eher weinerlich, viel nervöser und defensiver (stellen Sie sich einen schuldbewussten Chihuahua vor, dann wissen Sie, was ich meine). Wenn

Sie merken, dass Sie sich vor sich selbst rechtfertigen oder sich dabei erwischen, wie Sie jedem, der bereit ist zuzuhören, Ihre Entscheidung erklären, oder wenn Sie sich auch nur im Entferntesten enttäuscht oder unglücklich fühlen, dann ist das ein Zeichen dafür, dass Ihre Angst das Sagen hatte.

Genau das wäge ich ab, wenn ich überlege, ob ich mich noch einmal um ein öffentliches Amt bewerben soll oder nicht. Bis ich mit dem Schreiben dieses Buches anfing, war ich felsenfest davon überzeugt, dass ich nicht noch einmal kandidiere, weil ich mit Girls Who Code mehr erreichen kann. Aber nachdem ich mit Hunderten von Frauen über die Entscheidung zwischen Angst und Klugheit diskutiert habe, muss ich mich auch dieser Frage noch einmal stellen: *Kann es sein, dass ich Angst habe, noch einmal zu unterliegen?* (Die Jury berät noch darüber.)

Nächstes Mal, bevor Sie etwas durchwinken, halten Sie kurz inne und fragen Sie sich, wer da spricht, die Angst oder die Klugheit. Auf diese Weise bringen Sie Ihre reflexartigen Ausreden zum Schweigen und merken, worum es Ihnen wirklich geht.

Strategie: Was ist Ihre Klippe?

Wovor fürchten Sie sich am meisten? Was ist die eine Tat, die Ihr Leben grundlegend verändern würde?

Rha Goddess nennt sie die »Klippe«. Sie glaubt, dass wir alle solch eine Klippe haben, ob wir uns das nun eingestehen wollen oder nicht. Ich nenne diese Klippe »meine Angstsache«. Egal wie Sie es nennen, sie hat recht, wir alle stehen vor mindestens einer Herausforderung, einer Veränderung, einer Tat, haben einen heimlichen Traum und trauen uns nicht, ihn anzugehen. Ich habe Dutzende Frauen gefragt, was sie tun müssten, um ihr Leben grundlegend zu verändern. Sie alle hatten sofort eine Antwort parat. Jillians Klippe sind die Riesenschulden, die sie aus Angst vor ihrem Mann geheim hält. Dawn will einen besser bezahlten Job. Für Lisette sind es die fünfunddreißig Kilogramm Gewicht, die ihr Lebensglück und ihre Beweglichkeit beeinträchtigen. Andere Frauen sprechen davon, dass sie schmerzhafte Beziehungen beenden oder erwachsenen Kindern nahelegen müssten, endlich auszuziehen, dass sie sich um rechtliche Angelegenheiten kümmern oder einen anderen Job suchen oder sonst einen Schritt im Leben machen müssten. Vielleicht tun wir diese eine große Sache nicht (noch nicht!), wissen aber im tiefsten Inneren bereits, was es ist, und das müssen wir im ersten Schritt identifizieren, um zu erkennen, wo genau wir feststecken und wie wir es anpacken können.

Was ist Ihre Klippe? Wenn Sie sich nicht sicher sind, dann schauen Sie sich mal Ihre Komfortzone an; Rha sagt, man solle immer misstrauisch sein, wenn es sich irgendwo gerade bequem anfühlt. Ich sage nicht, dass Sie sich sofort oder überhaupt jemals zu Ihrer Klippe begeben müssen, aber wenn Sie sich angewöhnen, wenigstens *hinzuschauen*, dann verändert sich Ihr Denken in die richtige Richtung.

Strategie: Fragen Sie sich: Wovor habe ich mehr Angst?

Ein Highlight beim Women's March in Washington 2016 waren für mich die Demoschilder der Teilnehmerinnen. Unheimlich viele waren so clever, trotzig, leidenschaftlich und lustig (mein persönlicher Favorit »Hands too small, can't build a wall …«, aber Trump ist ein anderes Thema). Unter all den originellen Sprüchen stach das Schild einer zurückhaltenden Frau aus New Hampshire heraus. Mara ist eine introvertierte Person, die große Menschenansammlungen verabscheut, und doch war sie gekommen, um mit all diesen Gleichgesinnten durch die Straßen von Washington zu laufen. Auf ihrem Schild stand: »Ich fürchte mich vor Menschenmassen. Vor Trump fürchte ich mich noch mehr.«

Das ist mehr als nur ein politisches Statement. Es ist eine Strategie, die wir nutzen können, um unsere Ängste aus anderer Perspektive zu sehen, in dem wir den Fokus von dem lösen, wovor wir Angst haben, und darauf richten, was uns Angst macht, wenn wir es *nicht* tun.

Mein Freund Adam Grant, ein Organisationspsychologe und *New York Times*-Bestseller-Autor, sagt, dass viele der brillantesten und innovativsten Menschen Zauderer sind oder Angst vor Risiken haben. Was also bringt jemanden dazu, eine tolle Idee nicht nur auszubrüten, sondern damit auch in die Welt hinaus zu gehen? Es sagt, es ist der Moment, in dem unsere Angst vorm Scheitern überholt wird von unserer Angst, es gar nicht erst versucht zu haben. Es ist der Moment, in dem wir realisieren, dass wir zwar scheitern könnten, dies aber immer noch besser ist, als in der Belanglosigkeit zu verharren. Stellen Sie sich einfach vor, was Sie erreichen können, wenn Sie die Sorge, sich lächerlich zu machen, mal zur Seite schieben und sich stattdessen fragen, ob Sie es nicht eines Tages sehr bedauern werden, dieses Risiko nie eingegangen zu sein.

»Das hat viel mit gedanklichen Zeitreisen zu tun«, sagt Adam. »Dass wir Menschen in der Lage sind, gedanklich zehn Jahre vorzuspulen, ist eine unglaublich nützliche Fähigkeit. Wenn dir heute jemand eine Absage erteilt oder du mit irgendwas gescheitert bist, ist das natürlich nicht schön, aber noch unschöner kann es sein, wenn du aus einem zeitlichen Abstand von zehn Jahren auf dich zurückblickst und erkennst, dass du nie auf deine wahren Ziele zugegangen bist. Durch eine gedankliche Zeitreise können wir die mit dem Risiko verbundenen unmittelbaren Konsequenzen innerhalb eines großen Ganzen sehen und so eine andere Perspektive entwickeln: *Was wird bitterer sein, die Schmach des Scheiterns oder das Bedauern über das, was hätte sein können?*«

Für mich begann das Umdenken im Alter von dreiunddreißig Jahren. Ich dachte immer, dass ich noch Zeit genug für eine Kandidatur hätte, aber eines Tages wurde mir klar: *Mist … wirklich jung bin ich jetzt auch nicht mehr.* Der Gedanke, zu kandidieren, machte mir Angst, aber die Vorstellung, dass es dafür bald schon zu spät sein könnte, machte mir noch mehr Angst. Die Angst vor der Reue kann auch ein großer Motivator sein.

Auch Neid kann das sein. Ich habe eine Freundin, die wunderbar schreiben kann. Sie ist Professorin für Journalismus, aber sie hasst diese Arbeit; eigentlich will sie Autorin sein. Jedes Mal, wenn ein Buch erschien, von dem sie dachte, dass sie es hätte schreiben können, versetzte ihr das einen Stich. So war die Wochenendlektüre der *New York Times Book Review* zwar immer eine Qual für sie, aber schließlich brachte diese Tortur sie dazu, endlich mit ihrem eigenen Buch anzufangen.

Die Autorin Veronica Roth hatte ihr Leben lang unter Ängsten und lähmenden Selbstzweifeln gelitten, jetzt musste sie sich fragen, was sie mehr fürchtete: ein Risiko einzugehen oder ihre Pläne zu begraben. »Schreiben kann beängstigend sein, man setzt sich Kritik aus und riskiert, von wildfremden Menschen verletzt zu werden. Aber es war mir wichtiger, mich als Autorin weiterzuentwickeln, als Kritik zu vermeiden«, sagte sie mir.

Ich lernte eine Frau namens Lauren kennen, die sich Sorgen machte, dass ihre Töchter aus Furcht alle Herausforderungen meiden könnten. Und obwohl sie schon bei dem Gedanken daran fast verrückt wurde vor Angst, meldete sie sich mit ihnen zum Wildwasser-Rafting an. Auf keinen Fall wollte sie für ihre Töchter der Inbegriff von Angst werden, also zog sie sich den Neopren-anzug an und stieg ins Boot.

Wenn Ihre Ängste wie eine Mauer vor Ihnen stehen und Sie gar nicht mehr erkennen können, wovor genau Sie sich fürcht-en, dann treten Sie einen Schritt zurück und stellen sich folgende Frage: *Was riskiere ich, wenn ich das* nicht *tue ... und welche Option macht mir mehr Angst?*

Strategie: Folgen Sie Ihrem eigenen Rat

Hier kommt noch ein weiterer, einfach umzusetzender, aber sehr nützlicher Tipp von Adam Grant: Wenn Sie sich einer »beängsti-genden« Herausforderung oder Chance gegenübersehen und ab-wägen, was Sie tun sollen, fragen Sie sich, welchen Rat Sie einem anderen in dieser Situation geben würden. »Normalerweise tref-fen wir für andere bessere Entscheidungen als für uns selbst«, erklärt er. »Wenn wir es selbst sind, dann reichen uns ein, zwei Gründe, um es nicht zu tun und aufzugeben. Aber wenn wir ei-ner anderen Person etwas raten, dann schauen wir mit mehr Abstand darauf und es geht eher um die grundsätzliche Frage, warum oder wie sie es tun sollte oder warum nicht.«

Stellen Sie sich zum Beispiel vor, Sie sollen im Zusammenhang mit Ihrer Arbeit einen Vortrag halten, der Sie weit aus Ihrer Kom-fortzone herausführt. Vielleicht sind es mehr Zuhörer als sonst, oder der Gedanke daran, vor Kunden zu reden, versetzt Sie in regelrechte Panik. Vor sich selber reicht einem meist die Recht-fertigung, dass es den Stress einfach nicht wert ist, und dann sagen Sie ab.

Nun stellen Sie sich vor, eine gute Freundin sollte diesen Vor-trag halten, und die würde Sie um Ihre Meinung bitten. Sehr wahrscheinlich würden Sie nicht sagen: »Was? … nein … auf keinen Fall.« Wahrscheinlich würden Sie ihr sagen, dass es eine großartige Gelegenheit ist, um etwas Neues auszuprobieren, Ängste zu überwinden und auch eine Chance, um im Job stärker wahrgenommen zu werden. Sie würden das Dafür und Dagegen mit ihr diskutieren und vielleicht sogar ein paar Strategien entwickeln, mit denen sie sich sicherer fühlen kann.

Verblüffend, wie einfach es ist, geliebte Menschen zu ermuntern, mutig zu sein, oder? Noch erstaunlicher ist, was passiert, wenn wir das bei uns selber tun.

Strategie: Stellen Sie sich täglich Mut-Aufgaben

Eines Tages bemerkte die Viertklässlerin Alice Paul Tapper aus Washington D.C., dass sich die Jungen in ihrer Klasse viel öfter meldeten als die Mädchen. Es ärgerte sie, dass die Mädchen so zurückhaltend waren. Sie nahm an, dass die Mädchen Angst hatten, eine falsche Antwort zu geben, die ihnen dann peinlich war, und dass sie befürchteten, vom Lehrer sowieso nicht bemerkt zu werden. Zusammen mit ihrer Pfadfindertruppe entwickelte Alice den »Heb die Hand«-Aufnäher, der Mädchen zu mehr aktiver Teilnahme am Unterricht ermutigen sollte. Mädchen, die versprachen, sich häufiger zu melden und auch andere Mädchen dazu zu ermutigen, bekamen diesen Aufnäher. Er wird inzwischen durch Pfadfinderteams im ganzen Land verbreitet.

Wenn Alice und Hunderte andere zehnjährige Mädchen sich täglich darin üben, mutig zu sein, können wir das auch. Einen Aufnäher für Ihre Bemühungen kann ich Ihnen nicht versprechen, aber ich kann Ihnen versprechen, dass mit jeder Herausforderung, der Sie sich stellen, Ihr Mut-Muskel wachsen wird.

Wir können unser Denken verändern, indem wir unser Tun verändern, das ist laut Dr. Meredith Grossman eine sehr erfolgreiche Methode – sozusagen eine Änderung von außen nach innen. Wenn man etwas noch nicht selbst erlebt hat, fällt es schwer, es zu glauben; überzeugen lässt man sich nur, wenn man es gesehen hat. Natürlich kann man versuchen, sich einzureden, dass man nicht für alle Zeit den Respekt der Kolleg*innen verliert, wenn man in einem Meeting mal etwas Dummes von sich gibt. Aber erst, wenn man einmal etwas nicht ganz so Geistreiches geäußert hat und merkt, dass nichts passiert, wird man es wirklich glauben.

Es gibt keinen anderen Weg, »mutig zu werden«, als den, immer und immer wieder zu versuchen, den eigenen Mut zu stärken und nicht die eigene Angst. Deshalb möchte ich Sie ermuntern, jeden Tag eine der Strategien aus den folgenden Kapiteln auszuprobieren. Ich wiederhole mich hier, aber das schadet nichts: Mut ist ein Muskel, je mehr man ihn trainiert, desto stärker wird er. Wenn Sie Ihren Mut täglich trainieren, auf sicherem Terrain, dann können Sie sich irgendwann auch getrost den größeren, unerwarteten Herausforderungen stellen, die das Leben für Sie bereithält.

7

Hauptsache, Sie versuchen es!

Manchmal ist es am besten, direkt in die lodernden Flammen der Angst hineinzulaufen. Erstmals ausprobiert habe ich das damals am letzten Tag des achten Schuljahrs, als ich mich dieser bösartigen Mädchen-Gang gegenübersah, die mich verprügeln wollte, nur weil ich farbig bin. Und ein weiteres Mal, als ich die Warnungen der politischen Elite ausschlug, die mir zu verstehen gab, dass ich noch nicht an der Reihe wäre und mich wieder hinten anstellen sollte. Ich lief sehenden Auges geradewegs in dieses Feuer der Angst, als ich trotz dreier Fehlgeburten nochmals versuchte, schwanger zu werden, und als ich mit Girls Who Code begann, obwohl ich vom Programmieren keine Ahnung hatte. Tagtäglich stelle ich mich dieser Angst, in unzähligen kleinen Momenten. Ich übe mich darin, im Alltag mutig zu sein, deshalb traue ich mich auch, mich meinen größeren Ängsten zu stellen, wenn es darauf ankommt.

Wenn ich meine Ängste überwinde, kann ich mich für die Dinge einsetzen, die ich wichtig finde, und tun, was ich für richtig halte, auch wenn das manchmal nicht ganz einfach ist und vielleicht nicht funktionieren wird. Um die Worte meiner Mentorin Hillary Clinton zu wiederholen, lieber möchte ich scheitern, als es gar nicht erst versucht zu haben. Die Strategien in diesem Kapitel werden Ihnen dabei helfen, sich mit Ihren eigenen Fehlern anzufreunden – und ja, auch damit, dass Sie scheitern –, sodass

Sie davor keine Angst mehr haben müssen. Wahrscheinlich haben Sie auch den Spruch schon einmal gehört, dass Mut nicht die Abwesenheit von Angst ist, sondern dass man etwas trotz dieser Angst tut. Denn wenn Sie sich Ihrer Angst stellen, nehmen Sie ihr die Macht. Das ist Ihre Geheimwaffe, mit der Sie der Tyrannei der Perfektion entfliehen können, um das zu tun, was Sie wirklich wollen.

Strategie: Bitten Sie um Feedback

Mädchen und Frauen, die perfekt sein wollen, hassen kritisches Feedback. Ist die Rückmeldung nicht enthusiastisch, dann zieht sich in unserem Inneren alles zusammen, und sofort dreht sich die Mühle: »Ich kann's nicht«. Was bei uns ankommt, ist ein Angriff auf die eigene Person. Das ist kaum zu ertragen, völlig entmutigend und rundherum grausam.

Das Gegenmittel lautet, der Kritik nicht auszuweichen, sondern sie ausdrücklich einzufordern. Ja, richtig gelesen: Fordern Sie aktiv ungeschöntes, rücksichtsloses, völlig ehrliches Feedback ein. Und zwar nicht, wenn Sie wissen, dass etwas klasse gelaufen ist, sondern wenn Sie wissen, dass es noch einiges zu verbessern gibt. Das ist eine Art drastische Expositionstherapie, mit der Sie sich selbst desensibilisieren. Einen Moment lang fühlt es sich vielleicht an wie ein Tritt in die Magengrube, aber je öfter Sie das machen, das verspreche ich Ihnen, desto schneller werden Sie merken, dass kritisches Feedback nicht halb so schlimm ist, wie Sie dachten. Irgendwann wird es eine Art positive Sucht: Ich liebe das inzwischen, denn es weist mir die Richtung meiner nächsten Herausforderung.

Kürzlich sprach ich bei einer Kundgebung direkt nach jener

Frau, gegen die ich das Rennen um den Posten als Bürgerbeauftragte verloren hatte. Sie ist eine hervorragende Rednerin und versteht es, das Publikum mitzureißen. Es regnete in Strömen, und mein Sohn hatte schon den ganzen Tag ständig an meinem Mantel gezerrt, um meine Aufmerksamkeit zu bekommen. Ich war völlig k. o. von all meinen Reisen, und ehrlich gesagt hatte ich nicht besonders gründlich darüber nachgedacht, was ich sagen wollte. *Das wird schon, das kriege ich hin*, dachte ich mir. Nach meiner Rede stiegen mein Mann und ich ins Auto, und ich fragte ihn, wie es gewesen war. Er sah mich an und sagte: »Du warst ziemlich schlecht.«

Wie bitte?

»Zwei, vielleicht drei Punkte von insgesamt zehn«, sagte er (wie Sie sehen, sind wir ziemlich ehrlich in unserer Beziehung).

Die liebevolle Ehrlichkeit fühlte sich in dem Moment allerdings nicht toll an, zumal es ohnehin nicht besonders angenehm gewesen war, auf die Frau zu treffen, gegen die ich die Wahl verloren hatte. Trotzdem war ich dankbar für seine Offenheit. Was hätte es mir genutzt, wenn er mir Honig ums Maul geschmiert und gesagt hätte, wie toll ich gewesen sei, wenn es nicht stimmte? Ich nahm mir ein paar Wochen Zeit, um darüber nachzudenken, weshalb das Reden in der Öffentlichkeit in den Bereich meiner Komfortzone gerutscht war und was ich auf Kundgebungen noch besser machen konnte. Ich habe bereits viel Routine mit solchen Ansprachen, aber ich finde es spannend, dranzubleiben und zu sehen, wie ich mich auch jetzt noch weiterentwickeln kann (und muss).

Das A und O dieser Strategie ist, das Feedback nicht nur auszuhalten, sondern es immer wieder einzufordern. Überall, von jedem – *vor allem*, wenn Sie es nicht hören wollen. Neulich hielt ich eine Rede vor viertausend Menschen und bekam stehende

Ovationen. Ich war sehr happy und hatte eigentlich keine Lust, mir das verderben zu lassen, dennoch bat ich meine Mitarbeiter*-innen um Feedback. Warum? Weil selbst die besten Reden noch besser sein könnten. Das mache ich auch in meinem Privatleben so; wenn mein Mann und ich uns gestritten haben und sich alles wieder etwas beruhigt hat, dann frage ich ihn, wie ich besser hätte kommunizieren können.

Für Angela Duckworth, Autorin des Bestsellers *GRIT – Die neue Formel zum Erfolg: Mit Begeisterung ans Ziel*, ist die Bereitschaft, sich Feedback zu stellen, einer der vier wichtigsten Pfeiler von Charakterstärke. Engagierte Menschen wollen sich immer weiter verbessern, also fragen sie: »Wie war ich?« Erfolgreiche Sportler sind laut Angela gute Vorbilder. Denken Sie an Michael Jordan oder Michael Phelps, wie sind sie so gut geworden? Zunächst haben sie sich auf den Bereich konzentriert, in dem sie besser werden wollten. Dann trainierten sie … und trainierten … 100 Prozent fokussiert. Aber die andere wichtige Komponente ihres Erfolgs war das Feedback, das sie einforderten. Sie hatten den Mut, sich einzugestehen, dass sie nicht perfekt waren – und zu fragen, warum und in welchen Bereichen sie nicht gut waren –, sodass sie sich weiterentwickeln und besser werden konnten. Sie waren über den Stand ihres Könnens genauestens im Bilde, und genau das war ihnen wichtig.

Wenn Sie Neues wagen, Dinge, für die Sie Ihre Komfortzone verlassen müssen, und es Ihr Ziel ist, hierin immer besser zu werden, dann läuft Ihr Motor auf Hochtouren. Dann kommen Sie in den magischen Zustand des »Flow«. Diesen seligen Zustand erreicht man unter anderem, indem man sich kritischem Feedback stellt. Dann wissen Sie, woran Sie noch arbeiten müssen – und woran noch … und woran noch. Je öfter Sie das machen, desto leichter wird es, und schon bald kommt Ihnen Kritik nicht mehr vor wie ein Schlag in die Magengrube, sondern Sie werden sich stark und dankbar fühlen.

Wer Kritik einfordert, lernt seine Schwächen kennen und tolerieren. Erst kommt Toleranz, dann die Akzeptanz, und schließlich, glauben Sie's oder nicht, die Freude darüber.

Strategie: Umgeben Sie sich mit Zurückweisung

Für Jungen und Männer ist Scheitern nicht im selben Maße ein Bedrohungsszenario. Sie haben von klein auf gelernt, wieder aufzustehen und weiterzumachen (vom Klettergerüst gefallen, ein Chemieexperiment, das in Flammen aufgeht, einen Korb bekommen …). Auf die Gelassenheit, mit der sie Fehler und Ablehnung hinnehmen, können die meisten Frauen nur neidisch sein. Uns hat die Perfect-Girl-Erziehung vor Kummer bewahrt, vor dem Schmerz der Ablehnung und des Misserfolgs, daher sind wir, wie wir wissen, als Erwachsene auch weniger widerstandsfähig. Aber das können wir ändern, indem wir Ablehnung und Scheitern zu etwas Normalem machen.

Als Shaan ein Baby war, riet uns die Kinderärztin, sparsam mit Desinfektionsmitteln umzugehen, damit er möglichst vielen Keimen ausgesetzt sei, die seine Immunabwehr stärken würden. So in etwa können wir uns gegen Ablehnung immunisieren, indem wir uns ihr aussetzen. Mit anderen Worten: Keine Angst vor Zurückweisung – stellen Sie sich ihr!

An der Tür meines Kühlschranks hängt noch immer das Original-Absageschreiben der Yale Law School, direkt neben dem Ablehnungsschreiben der Gemeindeverwaltung. Ich hätte sie wegwerfen können, aber dann hätten sie Macht über mich gehabt. Dadurch, dass ich sie immer sehen kann, behalte ich die

Oberhand. Sie erinnern mich daran, jeden Tag mutig zu sein und weiterzumachen.

Je öfter ich Absagen bekam, umso weniger haben sie mich gequält. Ich will Ihnen nichts vormachen: Natürlich schlummert auch in mir die Phantasie, dass mein Erfolg die süßeste Rache sein wird, und dann male ich mir aus, wie ich es diesen Menschen mal so richtig zeigen werde, und das motiviert mich sehr.

Seien Sie stolz auf die Absagen, die Sie bekommen; sie sind Zeichen Ihres Mutes. Erzählen Sie von Ablehnungen, Fehlern und Niederlagen, und ermuntern Sie Ihre Freund*innen und Kolleg*innen, das auch zu tun. Lesen Sie, so viel wie Sie können, über berühmte und erfolgreiche Menschen und deren Niederlagen, wie Stephenie Meyer, deren *Twilight*-Manuskript zwanzig Mal abgelehnt wurde, bevor sie einen Verlag dafür fand. Oder Steve Jobs, der vor vielen Jahren mal bei Apple rausgeflogen ist. Sie haben sich von Rückschlägen nicht unterkriegen lassen, und das sollten Sie auch nicht. Warten Sie's ab, Sie werden sich freier und freier fühlen.

Strategie: Lassen Sie sich von Ihrer Angst nicht in die Irre führen

Es ist verrückt, aber Angst ist in 99 Prozent der Fälle unbegründet. Unser Nervensystem wurde so konstruiert, dass es uns vor Raubtierangriffen schützen soll. Jedes Mal, wenn wir Angst haben, reagiert unser primitives Gehirn daher so, als ob wir angegriffen würden, und signalisiert uns, dass wir um unser Leben laufen müssen.

Unser Nervensystem unterscheidet aber dummerweise nicht zwischen vermeintlicher und echter Gefahr. So oder so hämmert das Herz und die Hände werden nass – deutliche Warnsignale des

Körpers –, aber realistisch gesehen werden Sie nicht sterben, nur weil Sie Ihrem Boss widersprechen. Der befürchtete Weltuntergang tritt eigentlich nie ein. Ihre Freundin wird Sie sicher nicht verstoßen, auch wenn Sie vergessen haben, sie anzurufen, als ihre Mutter aus dem Krankenhaus entlassen wurde. Sehr wahrscheinlich werden Sie nicht gefeuert, nur weil Sie zu spät zu einem Meeting kommen. Es besteht eine vage Möglichkeit, dass Sie das Leben Ihres Kindes irreparabel beschädigen, weil Sie aus Versehen eine abfällige E-Mail über die Lehrerin Ihres Kindes an ebendiese Lehrerin schicken und nicht an Ihren Ehemann (ja, das ist mir passiert, und nein, Shaan ist nicht sitzengeblieben).

Wenn wir durch Perfektion getrieben sind, dann werden jede kleine Unwucht und jeder Fehler uns in Alarmzustand versetzen und einen Fluchtimpuls auslösen. Wir sollten unsere Wahrnehmung dafür schärfen. In den meisten Fällen können wir den Alarm einfach ignorieren, denn es besteht keine echte Gefahr. Es springt kein Tiger aus dem Gebüsch – wir haben lediglich Angst zu versagen.

Dr. Meredith Grossman gibt ihren Patienten einen Rat, den ich wirklich gut finde: Machen Sie das Gegenteil von dem, was Ihre Angst Ihnen rät. Angst rät *immer* dazu, wegzulaufen und sich zu verstecken. Machen Sie's nicht! Wenn die Angst Ihnen rät, das Networking-Treffen sausen zu lassen, weil Sie sich dort unsicher fühlen, dann gehen Sie auf jeden Fall hin. Wenn Angst Sie antreibt, Ihre Wohnung von oben bis unten zu putzen, weil die Schwiegermutter kommt, dann machen Sie ein bisschen sauber – das wird schon reichen. Wenn Sie vor nichts mehr Angst haben, als sich öffentlich zu blamieren, dann posten Sie mal was völlig Schwachsinniges auf Facebook. Es ist unglaublich befreiend, wenn man merkt, dass es echt keinen interessiert. Und wenn doch, tja, ist das dann wichtig?

Finden Sie heraus, wann Sie sich so richtig unwohl fühlen, und dann tun Sie genau das! Kommen Sie zehn Minuten zu spät, ohne sich lang und breit zu entschuldigen. Lassen Sie in einer nicht ganz so wichtigen E-Mail mal einen Grammatikfehler stehen. Tragen Sie eine Bluse mit einem Fleck. Gehen Sie aus dem Haus ohne den perfekten Look. Tragen Sie einen Rock, obwohl Sie sich morgens nicht die Beine rasiert haben. Erzählen Sie einer Freundin, wie unsicher Sie sich fühlen. Unvollkommenheit kann man auch in kleinem Stil üben, das muss nicht aufregend und überwältigend sein. Sie müssen Ihrem Chef nicht sagen, dass er Sie mal kann, oder völlig ungepflegt vor die Tür gehen. Machen Sie alles in kleinen Schritten, so lernen Sie, mit dem Stress umzugehen. Alle diese kleinen Übungen, mit denen wir sicherstellen, dass unsere Angst nicht das Sagen hat, machen uns stark. So lernen Sie mehr und mehr, Ihre Unvollkommenheit zu akzeptieren, und gleichzeitig werden Sie immer mutiger.

Strategie: Fangen Sie an, bevor Sie so weit sind

Ungefähr das läuft in unserem Kopf ab, wenn wir eine tolle Idee haben:

O ja, … das wäre super.
Das mach ich.
Das mache ich unbedingt!
Tja, aber …
Ich weiß nicht genau, wie …
Ich schaff's nicht …
Wahrscheinlich ist es eine Schnapsidee.

In dem Moment, in dem die großartige Idee geboren wird, setzt meist auch schon diese nervige Stimme im Hintergrund ein und sagt Ihnen, was alles schiefgehen kann, dass Sie versagen werden, dass alle Sie für anmaßend halten werden, weil Sie so etwas versuchen, und wie lächerlich Sie aussehen, wenn Sie auf die Schnauze fallen. Schlussendlich werden Sie sich ausreden, es überhaupt zu versuchen.

Es gibt einen Trick, wie man diese nervige Stimme zum Schweigen bringt: Man fängt einfach an.

Es macht nichts, wenn Sie noch nicht alles wissen, was Sie für diesen Plan brauchen – ob Sie nun eine Firma gründen oder Mutter werden wollen. Die meisten wissen das nicht. Wirklich, es stimmt. Sie lernen es, während sie es tun. Sie wissen nicht, wie man Windeln wechselt? Das lernen Sie. Sie sind sich nicht sicher, was bei dreißig Angestellten auf Sie zukommt? Das finden Sie heraus. Das ist doch immer so, oder nicht?

Wenn man so will, hätte ich niemals mit Girls Who Code anfangen dürfen. Erinnern Sie sich? Ich hatte keine Ahnung vom Programmieren. Ich hatte nie in der IT-Branche gearbeitet, und ich hatte noch nie eine gemeinnützige Organisation gegründet. Aber ich konnte diese vielen fehlenden Mädchengesichter in den Computerkursen einfach nicht vergessen. Also holte ich mir Rat bei ein paar Menschen, denen ich vertraute. Dann wurden es mehr und noch mehr. Ein Jahr lang sprach ich mit allen möglichen Leuten, um zu verstehen, wie die Tech-Industrie funktioniert und wie man Mädchen unterrichtet. Heute ist Girls Who Code eine weltweite Organisation, und schon mehr als neunzigtausend Mädchen haben hier das Rüstzeug für eine Karriere in der IT-Branche mitbekommen. Aber denken Sie bloß nicht, dass ich von all dem eine Ahnung hatte, als ich anfing.

Cecile Richards, die beeindruckende Präsidentin von Planned

Parenthood, hätte sich beinahe nicht auf diese Stelle beworben. Ihre Selbstzweifel hatten sie vor einer derart verantwortungsvollen Aufgabe gewarnt, und die Liste der Dinge, von denen sie keine Ahnung hatte, war lang. Aber dann, so erzählte sie, »habe ich es einfach trotzdem gemacht. Wenn man wartet, bis alles passt, dann klappt es nie.«

Wenn Sie das nächste Mal eine Projektidee haben, dann reden Sie sich diese nicht aus oder verschieben sie auf »irgendwann« – fangen Sie einfach ganz klein an: Rufen jemanden an, sichern Sie sich die URL, schreiben Sie einen ersten kleinen Text, verabreden Sie sich mit ein paar Menschen, denen Sie vertrauen, und bitten Sie um ihre Meinung. Man muss nicht gleich das ganze Ding rund haben. Noch bis vor Kurzem hatte ich richtiggehend Angst davor, mit dem Fahrrad bergab zu fahren. Höhere Berge umfuhr ich lieber, und das zog mich ganz schön runter. Aber dann sah ich mir das genauer an, und mir wurde klar, dass es wieder mein alter Perfektionsdrang war, der das Ruder übernommen hatte: Wenn ich Fahrrad fuhr, dann wollte ich das verdammt noch mal perfekt machen! Aber mal im Ernst, musste ich denn wirklich den GROSSEN Berg runterfahren? Ich konnte doch mit einem kleinen Abhang beginnen, und wenn das gut gelaufen war, weitersehen.

Warten Sie nicht mehr, bis Sie »bereit« sind. Wie Cecile Richards sagt, wer darauf wartet, dass alle Zeichen positiv sind, der wartet ein Leben lang. Ihr Lebenslauf wird nie ganz genau passen, genauso wenig wie Ihre Computerkenntnisse, die Kinderbetreuung oder Ihre Garderobe. Der Moment, um anzufangen, ist nie perfekt, genauso wenig, wie Sie perfekt sind.

Probieren Sie es mit einem ersten kleinen Hügel, damit Sie ein Gefühl dafür bekommen, und dann gucken Sie, was passiert. Im schlimmsten Fall stürzen Sie. Na und? Wenn Sie diese ersten kleinen Schritte nicht machen, dann werden Sie niemals wissen, was Sie verpasst haben. Ist es nicht viel besser, hinzufallen, weil man es versucht hat, als es gar nicht erst zu versuchen?

Strategie: Entscheiden Sie sich fürs Scheitern

Ja, richtig gelesen. Ich will, dass Sie sich für das Scheitern entscheiden – oder zumindest für die Möglichkeit des Scheiterns.

In der Welt der Start-ups werden Sie gar nicht ernst genommen, wenn Sie nicht eine fette Niederlage hinter sich haben. Das inoffizielle Motto im Silicon Valley lautet: »Scheitere früh und oft.« Beinahe nichts klappt gleich beim ersten, zweiten oder dritten Mal. Scheitern ist Teil des Innovationsprozesses; so lernt man, was nicht funktioniert, und findet heraus, was funktioniert. Deshalb wird der Milliardär und Tesla-Gründer Elon Musk in der Geschäftswelt so verehrt. Er flog bei PayPal, seiner eigenen Firma, raus, während er auf Hochzeitsreise war, und in der Geschichte seines Unternehmens SpaceX Rockets kam es mehrfach zu schwerwiegenden Ausfällen (und Explosionen). Das Scheitern lehrt uns, wie man eine Sache angeht, klug abwägt, wie man damit auf die Nase fällt und dann aufsteht und weitermacht.

Die meisten von uns sind ganz groß darin, das Für und Wider einer Sache abzuwägen. Eine Bekannte von mir, die freiberuflich arbeitet, befasst sich tagelang damit, ob sie einen Auftrag annehmen soll oder nicht (und treibt damit die meisten ihrer Freund*innen in den Wahnsinn). Ergibt unsere gründliche Analyse, dass wir scheitern könnten, dann entscheiden wir uns dagegen; wegen unseres Perfektionsdrucks brauchen wir unbedingt eine Erfolgsgarantie oder wir winken ab. In letzter Zeit bekam ich häufig Anrufe von Frauen, die überlegen, ob sie für ein Amt kandidieren sollen und meine Meinung dazu hören wollten. Ich sage ihnen immer: Machen! Auch wenn – *vor allem wenn* – ihre Chancen auf einen Sieg klein sind, denn es geht um den Kampf, er ist wichtig.

Elizabeth Warren war Jura-Professorin und eine Expertin und Aktivistin im Bereich Verbraucherinsolvenzen, bevor sie Senatorin wurde. Von 1995 an engagierte sie sich in einer großen Kampagne, deren Ziel es war, einen Gesetzesentwurf zu stoppen, der es Mittelklassefamilien in finanziellen Schwierigkeiten unmöglich gemacht hätte, Insolvenz anzumelden. Mit enormem Einsatz führte sie eine der größten Lobbybewegungen in der Geschichte, und doch ging der zehnjährige Kampf verloren. Das Gesetz wurde 2005 verabschiedet.

Aber Senatorin Warren hat ihr Engagement nie bereut, sagt sie. Inzwischen kämpft sie an vorderster Front für den Umbau des Gesundheitssystems in unserem Land und betrachtet die frühere Niederlage als wertvolles Training. Sie hat gelernt, ihre Kräfte effektiv für das einzusetzen, woran sie glaubt, sie konnte starke Allianzen schmieden und innovative neue Ideen entwickeln – eine davon war später das Consumer Financial Protection Bureau. Die Niederlage half ihr, argumentativ schärfer zu werden und ihren Mut-Muskel zu stärken – beides, so stelle ich mir vor, war äußerst nützlich, als sie dann US-Senatorin wurde und sich gegen den Präsidenten stellte.

Also machen Sie weiter und kalkulieren Sie das Risiko, so wie Sie es immer tun. Aber wenn es das nächste Mal zu hoch erscheint, machen Sie trotzdem weiter (zumindest wenn es Sie oder jemand anderen nicht in ernsthafte Gefahr bringt). Ich verspreche Ihnen, eine Niederlage wird Sie nicht umbringen. Eigentlich wissen Sie das. Jetzt können Sie es sich selbst beweisen.

Ich weiß noch, wie ich zum ersten Mal etwas ausprobiert habe, was mir schwerfiel. Es war in der sechsten Klasse im Turnunterricht, und ich versuchte, ein Rad zu schlagen. Bei den anderen Mädchen sah es so mühelos aus, wie sie mit ihren schlanken Beinen einen schönen, eleganten Bogen durch die Luft zogen. Aber ich war kein dünnes Kind, und mein erster Versuch sah eher nach Froschhüpfen aus als nach einem Rad. Als ich wieder aufrecht stand, lachten meine Mitschülerinnen, und eines der beliebtesten Mädchen spottete: »Das war ja erbärmlich.« Ich wurde knallrot vor Scham und entschied in diesem Moment, dass das mein erster und letzter Radschlag war.

Selbst heute, im Altern von zweiundvierzig Jahren, kriecht manchmal noch ein Hauch dieses alten Schamgefühls in mir hoch, wenn ich etwas nicht problemlos hinbekomme – vor allem wenn ich mich mit anderen vergleiche, bei denen das anders ist. Just heute früh fiel mir im Spinning-Kurs auf, dass ich die Bewegungen nicht so gut ausführte wie die Frau auf dem Rad neben mir. Sofort ärgerte ich mich über mich selbst, fühlte mich schlecht und wollte eigentlich aufhören. Aber ich habe es nicht getan, vor allem, weil ich mir geschworen habe, jede Gelegenheit zu nutzen, um meinen Mut-Muskel zu trainieren (und ein bisschen auch, weil ich mein Hinterteil noch möglichst lange möglichst weit oben haben möchte). Wenn mir etwas zu schwierig vorkommt – im Fitnesskurs oder wenn ich vor den klügsten Köpfen der IT-Welt eine Rede halten muss –, knicke ich nicht ein. Ich mache keinen Rückzieher und verstecke mich, selbst wenn ich das eigentlich möchte.

Etwas zu tun, was man eigentlich nicht wirklich kann, ist ebenfalls eine Methode, um toleranter gegenüber der eigenen Unvollkommenheit zu werden, und, im Umkehrschluss, die Freude zurückzugewinnen, die der Perfektionsdruck einem genommen hat. Ich lernte eine Frau namens Eva kennen, die mir erzählte, dass sie sich jahrelang für eine miserable Köchin gehalten hatte. Fast alles, was sie zubereitete, war entweder angebrannt oder schmeckte schrecklich. Völlig frustriert gab sie es auf. Bis sie dann Mutter wurde, und ihre fünfjährige Tochter sie eines Tages fragte, ob sie nicht Brownies für den Schulverkauf backen könnten. Die Brownies waren ein bisschen zu weich und nicht ganz durchgebacken, aber das machte nichts, denn Eva hatte es genossen, mit ihrer Tochter zu lachen, zu backen und den Teig vom Rührlöffel zu lecken.

Sich in etwas Neues hineinzufinden, macht nicht nur Spaß; es aktiviert auch Ihr Gehirn. Es ist tatsächlich möglich, das Gehirn neu zu verkabeln und andere Fähigkeiten zu erwerben, und das wiederum führt dazu, dass wir uns mehr und mehr zutrauen. Eine berühmte Studie mit Londoner Taxifahrern zeigte, dass das Auswendiglernen von fünfundzwanzigtausend Straßennamen jenes Areal des Gehirns aktiviert, in dem das Raumgedächtnis sitzt. Aber man profitiert schon bei kleineren Lernkurven; Forschungen belegen, dass die graue Substanz schon dann zunimmt, wenn man ein neues Unterfangen zum zweiten Mal ausprobiert.

Wenn Sie eine schlechte Köchin sind, kochen Sie das Abendessen (und ich meine nicht, dass Sie den Lieferservice anrufen sollen). Ist Ihre Koordination nicht besonders gut, belegen Sie einen CrossFit- oder einen Tanzkurs (siehe auch den nächsten Abschnitt »Stellen Sie sich einer körperlichen Herausforderung«). Haben Sie zwei linke Hände, versuchen Sie es mal mit Malen oder Stricken. Sitzt bei Ihnen noch »Ich bin schlecht in Mathe« irgendwo fest, lernen Sie, zu programmieren (hier zum Beispiel: www.khanacademy.com). Glauben Sie mir, nichts macht einen toleranter gegenüber Fehlern, als zu programmieren!

Wahrscheinlich sollte ich bald mal wieder versuchen, ein Rad zu schlagen.

Strategie: Stellen Sie sich einer körperlichen Herausforderung

Ich war verwirrt. Das war jetzt die siebte Frauengruppe, mit der ich über Perfektion und Mut sprechen wollte, und nichts von dem, was diese Frauen sagten, passte zu dem, was in den anderen Gruppen gesagt worden war. Als ich das Thema Ablehnung aufbrachte, sagten sie, sie würden so was einfach abschütteln und nicht persönlich nehmen. Scheitern? Wieder, keine große Sache; manchmal gewinnt man, manchmal verliert man. Angst vor Risiken? Nicht wirklich, im schlimmsten Fall geht's daneben, und man versucht es noch mal.

Plötzlich machte es klick. Diese Frauen arbeiteten alle irgendwie in der Fitnessbranche, sei es als Trainerin, als Fitness-Modell oder als CEO einer Fitnessstudiokette, und jede von ihnen war von Kindesbeinen an Sportlerin gewesen. Ich erkundigte mich nach dem Einfluss, den das gehabt hatte, und ohne Zögern bestätigten alle, dass der Sport schon in ihrer Kindheit die eigene Belastbarkeit gestärkt hätte und dass sie auch heute als Erwachsene noch im Alltag davon profitieren würden.

Es scheint also so zu sein, dass ein starker Körper auch mutig macht. Sport ist eine großartige Methode, um das Selbstvertrauen von Mädchen zu stärken – und sie von der Perfect-Girl-Manie zu befreien. Auf dem Spielfeld oder dem Sportplatz ist kein Spielraum, um nett zu sein oder höflich, herzlich, nachgiebig, ordentlich oder sauber. Hier wird man durchsetzungsstark, ehrgeizig, laut; hier macht man sich dreckig, muss sich nicht zurückhalten oder für sein Können entschuldigen, und im Interesse des Teamzusammenhalts wird offen und ehrlich kommuniziert. Körperliche Aktivitäten geben dem Selbstbewusstsein großen Anschub. Im letzten Sommer kam meine fünfzehnjährige Nichte Maya zu Besuch und wünschte sich, dass wir gemeinsam Surfunterricht nehmen. Ich hasse kaltes Wasser (alles unter 30 Grad finde ich kalt), und hatte ich schon erwähnt, dass ich nicht schwimmen kann? Aber weil ich meine Komfortzone schon länger nicht mehr verlassen hatte, sagte ich, klar, das machen wir. Es musste mal wieder etwas Schwung rein.

Als ich an jenem Morgen erwachte, war ich dann doch ziemlich aufgeregt, weil etwas Neues und Beängstigendes anstand. Am Strand zog ich den Wetsuit an und fühlte mich grandios. Ich liebe diese obercoole Energie der Surfer-Typen, weil ich selbst eigentlich eher angespannt bin. Am Strand gab es eine kurze Einweisung, und alles lief gut, bis ich ins Wasser musste. Plötzlich bekam ich eine Wahnsinnsangst und bat meinen Surflehrer John, mir alle Möglichkeiten aufzuzählen, bei denen man beim Surfen ums Leben kommen könnte. Das führte dazu, dass ich ihn irgendwann geradezu anflehte, mich wieder an den Strand zurück zu bringen. Bei ihm keine Chance.

Also blieb ich im Wasser und paddelte schließlich weiter hinaus. Die nächste Herausforderung bestand darin, auf das Brett zu steigen, aber ich fiel wieder und wieder ins Wasser. Ich war sauer und genervt, meine Nase voller Salzwasser, und meine Augen brannten … aber ich machte weiter. Die Wellen schwappten mir ins Gesicht, aber ich hielt durch, und John sagte mir immer wieder, dass ich das »fantastisch« machte. Glauben Sie mir, ich fühlte mich nicht fantastisch. Ich wollte eigentlich aufgeben.

Irgendwann schaute ich nach links zu meiner Nichte. Sie ist Sportlerin, Wellenreiten ist für sie etwas völlig Normales. Dann schaute ich nach rechts und sah – und das ist jetzt wirklich wahr –

einen Achtjährigen, der einen Handstand auf seinem Board machte. Ich kam mir vor wie eine Idiotin, während ich da oben wackelte und elendig fluchte und mich an mein Surfbrett klammerte, als ginge es um mein Leben. *Mensch, Reshma*, dachte ich, *das ist doch lächerlich. Du hast doch schon ganz anderes geschafft als so was hier!* Jetzt war ich so weit gekommen, jetzt würde ich nicht eher aufgeben, bis ich es irgendwie auf dieses Board geschafft hatte.

Mit der nächsten Welle sprang ich aufs Brett, blieb zehn Sekunden stehen und fiel dann wieder ins Wasser. Es war *großartig*! Ich versuchte es noch weitere fünf Mal, hielt mich nie länger als zehn Sekunden auf den Beinen, aber das war egal.

Werde ich das noch einmal machen? Ganz bestimmt. Ich fand diese Herausforderung toll und auch, dass ich mich so anstrengen musste. Tatsächlich *will* ich noch einmal zurück, um zu lernen, wie ich diese Angstbarrieren in meinem Kopf überwinde. Es war eine unglaubliche Erfahrung, und zwar nicht, weil ich es auf das Board geschafft habe (das habe ich nämlich eigentlich nicht), sondern weil ich nicht aufgegeben habe. Ich erinnere nicht, mich jemals so frei und glücklich gefühlt zu haben.

So einen Schub bekommt man nicht nur durchs Surfen – jede körperliche Herausforderung kann das auslösen, so lange es sowohl schwierig als auch außerhalb Ihrer Komfortzone ist. Melden Sie sich für einen Fünf-Kilometer-Lauf an, machen Sie eine Fahrradtour, steigen Sie auf einen hohen Berg, hacken Sie Holz, probieren Sie es mit Indoor-Rock-Climbing, belegen Sie einen Zumba-Kurs … wovor auch immer Sie am meisten Angst haben, das müssen Sie tun. Selbst wenn Sie als Kind lieber gelesen als rumgetobt haben, wenn Ihre Augen-Hand-Koordination zu wünschen übrig lässt (zweimal schuldig), es ist nicht zu spät.

Glauben Sie mir, wenn ich es auf ein Surfboard schaffe, dann ist alles möglich.

Strategie: Benutzen Sie Ihre Hände

Jedes Mal, wenn Shaan ein neues Spielzeug zum Zusammenbauen bekommt, ist mein erster Impuls, meinen Mann darum zu bitten. Schon beim Auspacken der einzelnen Teile bin ich genervt, weil ich so lange brauche, bis ich es kapiere. Soviel zum Perfect-Girl-Training ... wenn ich es nicht sofort hinkriege, dann bin ich raus.

Das Gleiche gilt für Dimitra. Sie arbeitet in der Technologie-Branche, aber wenn sie ein Problem mit dem Laptop hat, bittet sie ihren Freund um Hilfe, statt sich selbst darum zu kümmern. Kate, eine absolut fähige und kompetente alleinerziehende Mutter, erzählte mir, dass sie fast einen Nervenzusammenbruch erleidet, sobald ein Haushaltsgerät den Geist aufgibt. »Als wäre ich eine 1950er-Jahre-Hausfrau.«

Solche Aufgaben wurden zur Männer-Domäne, zum einen wegen der überholten Vorstellungen darüber, was Frauen tun können und sollten und was nicht, zum anderen, weil wir Frauen nicht gelernt haben, beharrlich und hartnäckig genug zu sein, um auch schwierigere technische Aufgaben zu meistern. Und wenn die Gesellschaft Mädchen suggeriert, dass sie etwas nicht gut können, dann haben sie keine Motivation, dranzubleiben und das Problem zu lösen. Uns ist es dermaßen eingebrannt, Frustrationen vermeiden zu wollen, dass wir nicht nur überzeugt sind, manches nicht zu können – nein, wir wollen es auch gar nicht erst ausprobieren!

Sie sind kein hilfloses Wesen! Mit den eigenen Händen etwas zu bauen oder zu reparieren, gibt Ihnen Energie. Computer oder Handy streiken? Statt jetzt sofort irgendjemanden zu bitten, sich das anzusehen, rufen Sie lieber die Hotline an und lassen sich (in Ruhe und mit Geduld) durch die verschiedenen Schritte zur Lösung des Problems führen. Sie müssen den neuen Autositz für Ihren Kleinen einbauen, aber finden die Anleitung verwirrend? Suchen Sie sich auf YouTube eine Anleitung und installieren Sie das verdammte Ding selbst (Tipp: Man findet online eigentlich zu fast allem eine Anleitung). Schaffen Sie sich die Basics drauf, dann brauchen Sie sich gar nicht erst hilflos zu fühlen: Speichern Sie die Nummer des Pannendienstes in Ihrem Handy, für den Fall, dass Sie liegenbleiben (nein, die Nummer Ihres Mannes oder Ihres Vaters gilt nicht); gehen Sie durchs Haus und überprüfen Sie die Batterien in den Rauchmeldern, suchen Sie die Bedienungsanleitungen für Ihre Geräte zusammen und verwahren Sie sie alle an einer Stelle, sodass Sie sie schnell finden können, wenn etwas kaputtgeht.

Lernen Sie, wie man den Luftdruck der Autoreifen überprüft (*bevor* die platt sind); schauen Sie mal bei einem Makerspace vorbei oder melden Sie sich für einen Holzschnitzkurs an; lernen Sie, wie man eine Bohrmaschine benutzt und ein Regal anbringt; und nehmen Sie die Kaffeemaschine in Betrieb, die seit ihrem Kauf noch nicht ausgepackt wurde.

Wenn Sie zwischendurch genervt sind, erinnern Sie sich daran, dass es nicht darum geht, eine Medaille zu gewinnen wollen. Es geht nur darum, dass Sie es tun.

8

Schluss mit dem Bedürfnis, anderen zu gefallen

Im letzten Jahr sollte ich bei einer großen IT-Konferenz sprechen, und zwar kurz nachdem ein inzwischen berüchtigtes (und unglaublich fehlerhaftes) Memo eines Google-Mitarbeiters geleakt worden war, in dem es darum ging, warum Frauen biologisch nicht dazu geeignet seien, in der Technologie-Branche zu arbeiten. Zeitgleich schwappte eine erste Welle von Anschuldigungen durchs Land, die später die #MeToo-Bewegung auslöste. Die Feministin in mir war also hellwach.

Ich vermute, die männlichen Organisatoren dieser Konferenz erwarteten eine nette, aufmunternde Rede darüber, weshalb Mädchen Programmieren lernen sollten. Aus meiner Sicht durfte man aber nicht einfach ignorieren, was gerade geschah. Ich ging also auf die Bühne und verkündete, dass es nicht damit getan wäre, Mädchen das Programmieren beizubringen, sondern wirkliche Gleichberechtigung nur möglich sei, wenn das Silicon Valley seine sexistische Kultur ablegen und ein neues Denken Einzug halten würde.

Am Ende meiner Rede hörte ich zwar keine Stecknadel fallen, aber der Applaus war auch nicht gerade ohrenbetäubend. Dann wurde die Fragestunde, die sich eigentlich hätte anschließen sollen, überraschend abgesagt. Indirekt gab man mir zu verstehen, dass die Organisatoren der Veranstaltung nicht zufrieden waren mit mir. Sie fanden meine Rede unangebracht, zudem hätte ich wütend gewirkt (na so was). Die Chance ist also groß, dass ich im kommenden Jahr nicht wieder eingeladen werde.

In den Tagen danach ging es mir nicht gut. Ich ärgerte mich über die Art und Weise, wie man versucht hatte, mich auf Kurs zu bringen, und mich bedrückte die passiv-aggressive Ablehnung, die wohl die Strafe dafür war, dass ich es gewagt hatte, eine wütende Frau zu sein. Noch empörender fand ich, dass man es einem Mann niemals um die Ohren hauen würde, wenn er unangepasst gewesen oder sehr deutlich geworden wäre (wahrscheinlich hätten sie ihm dafür sogar applaudiert). Ehrlich gesagt war ich aber am meisten erschüttert darüber, dass sie mich nicht gemocht hatten.

Ich sprach mit meiner Führungskräftecoach darüber, und sie sagte etwas sehr Kluges. »Es ist nicht wichtig, ob sie dich mögen oder wer recht hat oder nicht recht hat. Es gibt Menschen, die dich verstehen, und andere, die das nicht tun … *und das ist in Ordnung so.*«

Wow.

Es wäre mir tatsächlich niemals in den Sinn gekommen, dass es völlig in Ordnung ist, wenn manche Menschen mich nicht mögen oder nicht verstehen; sie sind einfach nicht meine Leute. Es gibt so viele andere Menschen, die mich verstehen, meine Ansichten teilen und gut finden, was ich tue.

Je mehr man selbst von dem überzeugt ist, was man tut und sagt, desto weniger kümmert einen, was andere von einem denken. Die Strategien in diesem Kapitel helfen Ihnen, sich freizumachen von dem Drang, anderen gefallen zu wollen. Ironischerweise ist es so, dass Sie, wenn Sie nicht mehr von allen gemocht werden wollen, den Weg frei machen für »Ihre Leute« – jene, die Sie verstehen –, und die mögen Sie dann um Ihrer selbst willen umso mehr.

Strategie: Vertrauen Sie sich selbst

Unser Perfect-girl-Training hat uns gelehrt, dass wir zuvorkommend sein sollen, und darunter verstehen wir, dass wir immer auf die Vorschläge der anderen eingehen müssen, auch wenn wir es eigentlich nicht wollen. Wir nehmen Rat an, der sich nicht richtig anfühlt, kaufen die teuren Schuhe, von denen unsere Freundin sagt, dass wir sie haben *müssen* (auch wenn wir sie uns eigentlich nicht leisten können und eigentlich wissen, dass wir sie nie anziehen werden), wir äußern uns gegenüber Kunden so, wie unser Chef es für richtig hält, auch wenn es uns gekünstelt vorkommt – häufig weil es so viel einfacher ist, zuzustimmen, als mit einem »Nein« die Gefühle eines anderen zu verletzen.

Am Anfang ihrer Karriere sollte die Schauspielerin Bridget Moynahan für eine große Rolle vorsprechen, und ein Mann aus ihrer Schauspielklasse bot ihr seine Hilfe an. Jeder Hinweis von ihm kam ihr falsch vor, aber da er Rollen angeboten bekam, ging sie davon aus, dass er mehr Ahnung hatte als sie. Sie folgte seinen Ratschlägen – und bekam die Rolle nicht. »Das brachte die Wende in puncto Selbstvertrauen für mich«, erzählte mir Bridget. »Für mich es der Schlüssel zum Mut. Man muss sich selbst vertrauen, ob es nun darum geht, wie man eine Rolle spielt oder ob man sich wieder verliebt, obwohl man bereits enttäuscht wurde. Du musst darauf vertrauen, dass es gut gehen wird, dass du etwas anzubieten hast. Du musst mutig genug sein, dir selbst zu vertrauen, denn du weißt, dass du es überlebst, selbst wenn es am Ende danebengeht.«

Diese Strategie scheint sehr simpel zu sein, aber ich glaube, sie ist besonders wichtig. Sie setzt voraus, dass Sie sehr genau auf Ihre eigenen Gefühle achten. Wann sagen Sie nur Ja, weil sie nett sein wollen? Wann übergeben Sie die Entscheidungsverantwortung an einen anderen? Blenden Sie die Erwartungen anderer aus und vertrauen Sie Ihren Instinkten, das ist ein wichtiger, mutiger Schritt.

Strategie: Scheißegal

Dass wir wichtig finden, was andere von uns denken, ist reine Gewohnheit. Dieses Bedürfnis, dass andere unser Tun gutheißen, ist so tief in uns verankert, dass wir meist gar nicht unterscheiden können, wie viele unserer Entscheidungen und Aktionen dadurch gesteuert werden. Um diese Angewohnheit abzulegen, sollten wir uns für die Geschichten anderer Frauen interessieren, für Frauen, die tun und sagen, was sie wollen, egal was andere von ihnen denken.

Mit anderen Worten: Wir müssen ganz bewusst auf die Suche nach starken und beeindruckenden Beispielen für eine *Scheißegal-Haltung* gehen.

Ich halte immer Ausschau nach solchen Geschichten – in den Nachrichten, wenn Freund*innen oder Kolleg*innen mir etwas erzählen, in den Büchern, die ich lese. Man kann sagen, dass ich sie sammele, und zwar sowohl im Gedächtnis als auch tatsächlich in einem Ordner, den ich mir zur Inspiration angelegt habe. Beispiele findet man jeden Tag und überall.

Wie haben wir in den 1980er-Jahren Madonna bewundert, die ungerührt alle möglichen Tabus brach, indem sie religiöse Symbole in ihre Bühnenshow einbaute. Oder als Beyoncé und ihre Tänzerinnen mit Black-Panther-Barett zur Halbzeit des Super Bowl auftraten. Die Komikerin Amy Schumer sagt eigentlich immer, was sie denkt, egal wie schockierend es ist. Frances McDormand ignorierte die ungeschriebenen Regeln Hollywoods, als sie bei den Golden Globes 2018 ungeschminkt und mit zerzausten Haaren die Auszeichnung als Beste Schauspielerin entgegennahm und dann eine sehr leidenschaftliche Rede auf die Frauen in ihrer Branche hielt. Die Kongressabgeordnete Maxine Waters verbat sich während einer Anhörung des Finanzausschusses, dass Finanzminister Steve Mnuchin seine Befragung durch Schmeicheleien unterlief. Mehrfach unterbrach sie ihn, bestand auf die ihr zustehende Redezeit und pochte auf Antworten. Kiran Gandhi schockierte die Welt, als sie 2015 als Mitglied der Freebleeding-Bewegung während ihrer Periode den London Marathon ohne Tampon lief – ein Statement gegen das sogenannte Period Shaming. Caitlyn Jenner beendete den Mythos des Zehnkämpfers Bruce Jenner, indem sie sich mutig zu ihrer eigentlichen Geschlechtsidentität bekannte, und schaffte es damit bis auf das Cover von *Vanity Fair*. Wie gesagt, scheißegal!

Und dann ist da noch die unbeugsame Dame Helen Mirren. Heute wird sie für ihre gnadenlose Offenheit bewundert, aber das war nicht immer so. Von einem Journalisten befragt, welche Empfehlung sie ihrem jüngeren Ich geben würde, antwortete sie, sie würde sich raten, nicht mehr so »verdammt höflich« zu sein und öfter mal »verpiss dich« zu sagen.

Sie müssen weder einer Meinung sein mit diesen Frauen, noch müssen Sie sie mögen (es wäre ihnen sowieso egal). Aber man muss anerkennen, dass sie Anliegen haben, die ihnen wichtiger sind als die Meinung anderer.

Fangen Sie damit an, nach Frauen Ausschau zu halten, denen es scheißegal ist, was andere denken. Für Ihr Gehirn ist das eine sehr gute Übung, wenn es sich weniger auf das konzentriert, was andere denken, und mehr darauf, wer und was Sie sein wollen.

Strategie: Fragen Sie: »Und dann?«

Gemocht zu werden ist ein tief sitzender, ganz und gar menschlicher Wunsch. Er ist ein Relikt aus prähistorischen Tagen, als die Akzeptanz (und damit auch der Schutz) durch den Clan im wahrsten Sinne des Wortes über Leben und Tod entschied. Heute jedoch, im 21. Jahrhundert, hängt Ihr Überleben selten oder nie davon ab, ob jemand Sie für eine Zicke hält. Warum also finden wir Frauen es so unglaublich wichtig, gemocht zu werden?

Jede von uns hat ihre eigenen Gründe, warum sie von anderen gemocht werden möchte – aber allen gemeinsam ist die Angst, was passieren könnte, wenn man uns nicht mag. Denken Sie mal an den Bereich in Ihrem Leben, bei dem es Ihnen besonders wichtig ist, anderen zu gefallen (Tipp: Das ist normalerweise der, bei dem Sie sich am meisten verbiegen müssen, um nett/lustig/zuvorkommend zu sein, oder lächeln, wenn Sie eigentlich wütend sind). Vielleicht ist das die Arbeit oder die Mutter-Kind-Spielgruppe, vielleicht sind es die Schwiegereltern oder die Stiefkinder, die Angestellten oder Vorgesetzten, die Liebesbeziehungen oder Freundschaften.

Fällt Ihnen dazu etwas ein? Prima.

Jetzt fragen Sie sich: *Was befürchte ich, wird passieren, wenn diese Person mich nicht mag/diese Personen mich nicht mögen?* Zum Beispiel: »Ich habe Angst, dass mich die anderen Mütter an der Schule meines Kindes nicht mögen und mein Sohn deshalb nicht zum Spielen eingeladen wird«, oder »Wenn meine Angestellten mich nicht cool und toll finden, werden sie nicht so hart für mich arbeiten.«

Jetzt gehen Sie noch tiefer, bis zum schlimmstmöglichen Fall, indem sie sich wieder und wieder fragen: »Und dann?« Beispielsweise:

Ich habe Angst, dass mein Freund genervt ist, wenn ich ihm sage, dass ich sauer bin.

Und was befürchtest du, was dann passiert?

Dann macht er Schluss.

Und dann?

Dann bin ich alleine.

Und dann?

Dann lerne ich nie wieder jemanden kennen und bleibe für immer allein.

Aua. Das ging aber schnell. Sehen Sie, wie wir uns selbst in null Komma nichts in ein dunkles Loch voller Scham, Schande und ewiger Einsamkeit katapultieren?

Hier noch ein paar authentische Denkspiralen, von denen Frauen mir erzählt haben:

Ich habe Angst, dass die anderen Mütter aus der Klasse meines Sohnes mich nicht mögen und er deswegen nicht zum Spielen eingeladen wird.

Und was dann?

Dann hat er keine Freund*innen.

Und dann?

Dann hat er eine traurige Kindheit.

Und dann?

Als Teenager nimmt er dann Drogen oder wird depressiv.

Wenn ich meinen Kollegen kritisiere, weil er sexistische Witze macht, dann bin ich »die Nervige«.

Und was dann?

Dann will niemand mit mir arbeiten.

Und dann?

Dann verliere ich meinen Job.

Und dann?
Dann hab ich kein Geld und muss mein Haus verkaufen.

Wenn man sich diese tief sitzende Angst einmal so richtig vor Augen führt, hat das eine große Kraft – und wichtiger noch, man sieht, wie absurd diese Worst-case-Szenarien eigentlich sind. Jetzt mal im Ernst, wird er wirklich Schluss machen, wenn Sie ihm sagen, wie wütend Sie sind? Und selbst wenn er das tut (abgesehen davon, dass er dann Ihre Zeit nicht wert wäre), heißt das wirklich, dass Sie dann alleine sterben werden? Wird Ihr Sohn wirklich ausgegrenzt werden, wenn die anderen Mütter Sie nicht mögen, und selbst wenn, wird er automatisch zum Heroinjunkie, weil er keine Verabredungen mit den Kindern der Alpha-Mütter hatte?

Wir sind völlig überzeugt von unseren eigenen Narrativen darüber, was passieren wird, wenn man uns nicht mag, aber wir müssen uns fragen, ob sie wirklich stimmen. Spielen Sie diese Szenarien durch, dann erkennen Sie die übertriebenen Ängste und bekommen den nötigen Abstand, um zu unterscheiden, was wirklich passieren könnte und wovor Sie sich nur fürchten.

Wissen Sie, ich sage nicht, dass die Dinge keine Konsequenzen haben. Wenn Ihr Freund ein Arsch ist, dann kann es wirklich sein, dass er Schluss macht. Wenn an Ihrem Arbeitsplatz tatsächlich eine sexistische Grundstimmung herrscht, kann es passieren, dass Sie entlassen werden, wenn Sie das anprangern. Aber in all diesen Worst-Case-Szenarien fragen Sie sich immer: »Und dann?«

Sie werden es überleben und andere Menschen finden. Menschen, die Sie verstehen. Das wird passieren.

Strategie: Sagen Sie einfach Nein

Ich kann wirklich nicht gut Nein sagen. Ich möchte nicht, dass die Leute denken, ich wäre arrogant oder gemein oder in irgendeiner Weise undankbar. Als ich mit Girls Who Code anfing, war eine sehr einflussreiche Frau in der Branche sehr gehässig zu mir, und damals habe ich mir geschworen, dass ich mich nie so verhalten werde.

Also sage ich jetzt dauernd Ja – bei der Arbeit, bei Gefälligkeiten, zu jedem, der mich um Rat bittet. Ich sage bei Anfragen für Vorträge zu, für die ich um die halbe Erde reisen muss, auch wenn mich das sehr anstrengt. Und wenn Freund*innen von Freund*innen einen Job suchen, dann führe ich das Erstgespräch, auch wenn ich das eigentlich an jemanden in meinem Team delegieren könnte. Wie bei Ihnen wahrscheinlich auch, kostet das meine Zeit, meine Energie, und am Ende bin ich kaputt. Ich arbeite sehr hart daran, das zu ändern.

Man braucht Mut, um etwas abzulehnen – vor allem, wenn andere möchten oder erwarten, dass Sie Ja sagen. Rha Goddess sagt, es sei das Mutigste, was eine Frau tun könne, und ich gebe ihr recht. Deshalb habe mir angewöhnt, meine Entscheidung für oder gegen etwas an meinen persönlichen Werten auszurichten. Ich frage mich dann: *Was hat den höchsten Wert für mich? Und was kommt dem entgegen?* So finde ich einen Mittelweg, ich unterstütze andere, ohne dass es zu meinen Lasten geht. Denken Sie mal zurück an Kapitel sechs, als wir uns fragten: »Wovor habe ich mehr Angst?« Da ging es auch um die eigenen Werte. Nur war hier die Frage: »Was kann ich nicht tun/worauf verzichte ich, wenn ich Ja sage? Was ist wichtiger?«

Meine Familie und mein Wunsch, in der Welt etwas zu bewirken, haben für mich die höchste Priorität im Leben. Ich versuche also – die Betonung liegt auf *versuche*, denn das gelingt mir bei Weitem noch nicht immer –, meine Entscheidungen an diesen Prioritäten auszurichten, und Nein zu sagen, wenn das nicht möglich ist. Den Unterschied merkt man eigentlich sehr schnell; sage ich Ja zu einer Sache, die meinem Wunsch, eine liebende Mutter und Ehefrau zu sein, entgegenkommt oder die meine Firma voranbringt, dann bin ich begeistert, energiegeladen und glücklich. Aber nach einem Tag, an dem es nur um die Belange anderer ging und meine eigenen Interessen keine Rolle gespielt haben, bin ich erschöpft und schlecht gelaunt. Wir kennen sie alle, solche Tage, und sie können zumindest hilfreich sein, beim nächsten Mal genauer zu überprüfen, wozu wir Ja oder Nein sagen und für wen wir unsere Zeit und Energie einsetzen.

Kürzlich lud mich eine Frau per E-Mail zu einer Veranstaltung ein, die sie organisiert hatte. Ich kannte sie nicht persönlich; sie hatte meine Adresse über einen Berufsverband erhalten, dem wir beide angehören. Als ich ihre E-Mail erhielt, steckte ich bis zum Hals in Arbeit und anderen Verpflichtungen, und ich hatte auch keine Gelegenheit, ihr zu antworten. Ihre nächste E-Mail verfasste sie ausschließlich in Großbuchstaben (also laut schreiend), sie sei enttäuscht, dass ich nicht teilnehmen würde, und sie unterstellte, dass ich eine ungeschriebene Vereinbarung unserer Gruppe missachtet habe. Vor fünf Jahren hätte ich mich nach dem Erhalt eines solch vorwurfsvollen Briefes geschämt und schuldig gefühlt. Nicht dass ich es heute schöner finde, so angepöbelt zu werden, aber ich habe hart daran gearbeitet, Prioritäten zu setzen, und deshalb nehme ich solche Dinge nicht mehr so persönlich.

Am Anfang ist es sehr schwer, etwas abzulehnen, da bin ich ganz ehrlich. Das gehört mit zum Schwersten, was wir auf unserem Weg in ein mutiges Leben lernen müssen, aber es ist umso befriedigender. Es ist eine Befreiung, sich selbst und die eigenen Prioritäten an die erste Stelle zu setzen, weil man nicht mehr allen gefallen muss.

Strategie: Einfordern!

Finden Sie es unangenehm, um das, was Sie wollen, bitten zu müssen? Damit sind Sie nicht alleine. Perfect Girls wie wir finden die Vorstellung, aufdringlich, bedürftig, anspruchsvoll, anstrengend, fordernd oder aggressiv zu wirken, entsetzlich. Mit diesen Eigenschaften macht man sich nicht unbedingt beliebt. Aber es geht hier auch nicht darum, überall beliebt zu sein; es geht darum, dass Sie Ihren Mut-Muskel trainieren. Also müssen Sie sich angewöhnen, Dinge zu fordern.

Fangen Sie klein an, bitten Sie jeden Tag um eine Kleinigkeit außerhalb Ihrer Komfortzone. Wird Ihr Essen kalt serviert, bitten Sie den Kellner, es in der Küche wieder aufwärmen zu lassen. Bitten Sie eine Kollegin, sich ein paar Minuten Zeit zu nehmen und einen Text von Ihnen durchzulesen und Feedback zu geben. Bitten Sie einen Freund (einen, von dem man das durchaus erwarten darf), Sie zum Flughafen zu fahren. Laden Sie jemanden, den Sie gerne besser kennenlernen würden, zu einer Tasse Kaffee ein. Machen Sie sich keine Sorgen, das wirkt sicher nicht zu fordernd. Untersuchungen belegen, dass Menschen sich grundsätzlich viel fordernder einschätzen, als andere das tun. Das, was Ihnen als zu fordernd vorkommt, werden andere als normal empfinden.

Und dann gehen Sie einen Schritt weiter. Verhandeln Sie über den Kaufpreis eines Autos. Fordern Sie, dass Ihnen das tolle Projekt überantwortet wird. Bitten Sie Ihren Partner, etwas zu unterlassen, das Sie in den Wahnsinn treibt. Verabreden Sie ein Treffen mit jemandem, von dem Sie sich eine Beratung wünschen. Fordern Sie die Flexibilität ein, die Sie in Ihrem Job brauchen.

Ich habe hier ein paar Tipps, wie dieses Einfordern leichter wird:

Beginnen Sie mit »Ich«.
Beispielsweise so: »Ich würde mich freuen, wenn Sie sich diesen Bericht einmal ansehen könnten« oder »Ich wollte fragen, ob Sie Lust hätten, irgendwann einen Kaffee mit mir zu trinken?« Damit haben Sie das Heft in der Hand.

Sagen Sie klar und deutlich, was Sie wollen.
Reden Sie nicht drum herum oder lassen die andere Person erraten, was Sie wollen.

Seien Sie respektvoll.
Das ist ein Zeichen der Stärke und nicht der Schwäche. Wer »bitte« und »danke« sagt, zeigt Anstand und Klasse.

Wenn Sie unsicher sind, üben Sie,
was Sie sagen wollen, vorher, dann müssen Sie nicht nach den richtigen Worten suchen.

Bieten Sie nicht gleich an, dass Sie eine Absage akzeptieren werden.
Sie können sich gar nicht vorstellen, wie oft meine Mitarbeiter*-innen mich um etwas bitten und dann sofort zurückrudern, indem sie »Aber wenn das nicht geht, ist das auch in Ordnung« sagen. Fragen Sie und warten Sie ab; lassen Sie den anderen selbst antworten.

Entschuldigen Sie sich nicht für Ihre Bitte.
Sie sollten nie mit »Es tut mir leid, aber würde es Ihnen etwas ausmachen …« beginnen.

Strategie: Insistieren Sie!

Wer hätte gedacht, dass ausgerechnet der republikanische Senatsmehrheitsführer Mitch McConnell der Frauenbewegung einen solch schlagenden Schlachtruf liefern würde, als er Senatorin Elizabeth Warren zwang, ihre kritische Rede vor dem Senat abzubrechen, und sie aufforderte, sich wieder zu setzen. Wir bilden uns ja nicht nur ein, dass Frauen durch Männer mundtot gemacht werden. Die *New York Times* schrieb: »Wissenschaftliche Studien und zahlreiche Begebenheiten belegen es: Frauen, die sich einer Mehrheit von Männern gegenübersehen, machen regelmäßig die Erfahrung, dass sie unterbrochen werden, dass man ihnen ins Wort fällt, dass sie Redeverbot bekommen oder für deutliche Worte bestraft werden.«

Und ich sage: Die Bulldozer hatten ihre Zeit, jetzt sind wir dran.

Sie wurden zum Schweigen gebracht oder unterbrochen – das war gestern.

Sie wurden eingeschüchtert oder hatten zu viel Angst, nicht mehr gemocht zu werden, sobald Sie widersprechen – das war gestern.

Sie haben Ihre Leistung aus Bescheidenheit kleingeredet – das war gestern.

Sie waren nett und haben nicht gesagt, was Sie eigentlich dachten – das war gestern.

Sie haben geschwiegen, obwohl Sie wussten, dass Sie etwas hätten sagen müssen – das war gestern.

Es ist an der Zeit, dass wir uns Gehör verschaffen, und das können wir tun:

Wenn Sie etwas zu sagen haben, sagen Sie es.

Werden Sie unterbrochen, dann sprechen Sie weiter. Nennt man Sie eine »wütende Frau«, sagen Sie »danke« und *sprechen weiter*. Chelsea Manning saß sieben Jahre in einem Militärgefängnis, weil sie geheime Dokumente weitergegeben hatte. Nach ihrer Entlassung wurde sie stark unter Druck gesetzt, sich nicht weiter zu äußern und sich aus der Öffentlichkeit zurückzuziehen. Sie weigerte sich. Weil man ihr von allen Seiten den Mund verbieten wollte, blieb sie nicht still. Gut gemacht, Schwester!

Fordern Sie Redezeit.

Erst kürzlich wurde mir bewusst, dass ich aus Rücksichtname auf die Zeit der Anwesenden manchmal durch meinen Vortrag haste, wenn ich ein Keynote halte oder auf einem Podium sitze. Ich habe noch nie einen Mann gesehen, der das tut. Männer breiten ihre Papiere aus, stehen oder sitzen mit offener Körperhaltung und ohne Angst, sie könnten zu viel Platz beanspruchen. Sie nehmen einen tiefen Schluck Wasser, und wenn sie dann endlich anfangen zu reden, lassen sie sich alle Zeit der Welt. Ich arbeite also daran, langsamer zu sprechen. Zu Ehren der Kongressabgeordneten Maxine Waters fordern wir, gesehen, angehört und respektiert zu werden.

Machen Sie Werbung für sich.

Studien zeigen, dass Frauen, die ungefragt und viel über ihre Leistungen sprechen, schneller weiterkommen, mehr verdienen und insgesamt zufriedener sind mit ihrer Karriere. Wer beispielsweise im Silicon Valley einen höheren Posten ergattern will, der muss wahrgenommen werden. Leider belegen weitere Studien, dass Frauen nur widerstrebend über ihre Leistungen sprechen, denn tief in ihrem Inneren verankert sind ihre Bescheidenheit und eine Stimme, die ihnen ununterbrochen zuflüstert: »Nicht angeben … Das gehört sich nicht.« In diesem Bereich sollten wir uns männliches Verhalten zu eigen machen, denn Männer haben keine Probleme, ihre Leistungen in die Welt hinauszuposaunen. Einen großen Deal abgeschlossen? Schnell einen Tweet absetzen! Beförderung? Schicken Sie eine E-Mail an Freund*innen und Bekannte und informieren Sie auch die Branchenpresse, damit sie darüber berichten kann. Mehr noch: Bitten Sie darum, dass die anderen es ebenfalls weitererzählen. Wenn ich von Menschen, die ich respektiere, gebeten werde, ihre Leistungen anderen gegenüber zu erwähnen, mache ich das wirklich gerne, und ich nehme an, die Menschen in Ihrem Leben werden das auch tun.

Spucken Sie die salzige Limonade aus.
Erinnern Sie sich an die Studie in Kapitel eins? Mädchen würgten salzige Limonade hinunter, weil sie die Wissenschaftler nicht vor den Kopf stoßen wollten, indem sie ihnen sagten, die Limonade sei ekelig? Wir sind jetzt erwachsene Frauen, und es wird Zeit, die salzige Limonade auszuspucken. Anders gesagt, wann immer Ihnen jemand etwas erzählt, von dem Sie wissen, dass es nicht stimmt, widersprechen Sie. Wenn jemand versucht, Sie durch Einschüchterung auf seinen Kurs zu bringen, bleiben Sie stark. Taylor Swift führte einen Prozess gegen einen Radiomoderator, der ihr während eines Fototermins an den Hintern gefasst hatte. Im Kreuzverhör versuchte der gegnerische Rechtsanwalt, ihre Aussage zu erschüttern, aber das ließ sie nicht zu. Bei jeder neuen beleidigenden Frage ließ sie ihn wieder eiskalt abblitzen. Am besten fand ich das hier: Als könnte es die Unschuld seines Man-

danten belegen, wies der Anwalt darauf hin, dass man ihrem Kleid diesen Übergriff auf dem Foto nicht ansehen könne. Sie antwortete ruhig: »Weil mein Arsch auf der *Rückseite* meines Körpers ist.«

Sagen Sie, was Sie denken.

Als ich den Blogpost las, in dem der Schauspieler Aziz Ansari der sexuellen Belästigung bezichtigt wurde, weil er nicht auf die »nonverbalen Hinweise« seines Dates reagiert hatte, war ich zugleich bestürzt und hin- und hergerissen. Fast jede Frau, die ich kenne, mich eingeschlossen, hat schon einmal erlebt, dass jemand etwas gesagt oder getan hat, mit dem sie sich unwohl gefühlt hat, trotzdem ließ sie es unwidersprochen. Sei es Unhöflichkeit, Übergriffigkeit bis hin zu körperlicher Bedrohung, viele von uns, so auch die Frau, die den Blogpost veröffentlichte, kennen die Situation, in der ein Mann uns gegen unseren Willen zu etwas drängen wollte, und dennoch haben wir nicht deutlich genug Nein gesagt. Warum ist sie – oder sind wir – nicht einfach aufgestanden und gegangen? Warum hat sie – oder haben wir – nichts gesagt? Weil wir nicht gelernt haben, wie man das macht. Niemand hat uns beigebracht, dass es in Ordnung ist, *Nein, Finger weg, das möchte ich nicht* zu sagen, oder *Verpiss dich*. Aber es ist mehr als in Ordnung. Es ist Ihr gutes Recht. Die Wut, die sich in der #Metoo-Debatte Bahn brach, ist das Resultat dieser über Jahrzehnte aufgestauten Frustration und Scham darüber, dass man vieles unwidersprochen über sich ergehen ließ. Wir marschieren, die Mistgabeln in der Hand, und holen uns unser Recht zurück, und ab jetzt kommt es darauf an, mutig dafür Sorge zu tragen, dass wir uns jedes Mal wieder Gehör verschaffen, wenn ein solcher Übergriff geschieht. Es ist in der Tat höchste Zeit.

9

Jetzt ist das Mut-Team dran

Als die Langstreckenläuferin Shalane Flanagan 2017 die Ziellinie des New-York-Marathons passierte, die erste Amerikanerin nach vierzig Jahren, hatte sie nicht nur einen Rekord aufgestellt. Ihr Sieg warf ein Licht auf den von der *New York Times* so getauften »Shalane-Flanagan-Effekt«: die Abkehr von der Jede-Frau-für-sich-allein-Haltung, die in der Welt professioneller Läuferinnen vorherrscht. Shalane scharte stattdessen begabte Sportlerinnen um sich, damit sie sich gegenseitig unterstützten, motivierten und antrieben. Dank dieser Strategie gehören Shalane und ihr Team heute zu den weltweit besten Langstreckenläuferinnen, sie gewinnen Marathonläufe und Olympische Medaillen.

Das meine ich mit Mut-Team. Ich bin überzeugt davon, dass wir das Leben aller Frauen dieser Welt verbessern können, wenn wir uns sowohl in persönlicher Hinsicht als auch ganz grundsätzlich gegenseitig unterstützen und motivieren. Wenn wir einander ermutigen und gemeinsam auf das Erreichte schauen – auf das Positive als auch das Negative –, dann werden wir zu einer starken Sisterhood und können zusammen noch mutigere Dinge tun.

Mutig zu sein, ist eine starke Form des Aktivismus. Wenn Sie für andere den Boden bereiten und etwas zum ersten Mal tun, sei es einen Marathon zu gewinnen oder jemandem zu sagen, dass der sexistische Kommentar unangebracht war, bereitet das anderen Frauen den Weg. So werden wir alle stärker, mit jeder einzelnen mutigen Tat.

Strategie: Lassen Sie andere sehen, wie schwierig es ist

Im Büro von Danielle Weisberg und Carly Zakin, der bereits in Kapitel drei erwähnten Gründerinnen des bekannten Medienunternehmens theSkimm, hängt ein gerahmtes Cover der *Vanity Fair*, auf dem die beiden zu sehen sind. Millennium-Powerfrauen, offenes Lächeln in die Kamera, lässiger, selbstsicherer Look. Ich wollte mit Danielle und Carly über die Perfektionsfalle sprechen. Danielle deutete sofort auf den Artikel an der Wand und lachte. Auch wenn die Frauen auf dem Foto unangestrengten Erfolg ausstrahlen, sie waren zu dem Zeitpunkt noch im knüppelharten Es-geht-um-dein-Leben-Start-up-Modus, und tatsächlich hatte man nur eine Stunde vor dem Fotoshooting ihre Firmenkreditkarte gesperrt.

»Neulich habe ich eine Unternehmerin aus der IT-Branche kennengelernt. Sie meinte, sie hätte uns eigentlich blöd finden wollen, weil alles bei uns so locker aussieht«, erzählte Danielle. »Ich war ziemlich verblüfft, denn das stimmt einfach nicht. Es würde mich stören, wenn das von außen so rüberkäme. Denn wir wollen schon, dass die Leute mitkriegen, es gibt ›Kopfschmerzmomente‹ auf unserem Weg. Glamour-Jobs sind meist nicht so glamourös, wie man denkt.«

Es gibt keine Perfektion ohne Anstrengung. Niemand wacht auf und sieht makellos aus. Keine Paare ohne Streit, keine Kinder ohne Nerverei, keiner schafft es ohne Anstrengung oder ernsthafte Rückschläge bis in die Chefetage oder woandershin weiter oben. Instagram-Filter lassen selbst Schnappschüsse so perfekt aussehen wie das Leben, das sie vermeintlich zeigen, aber wir wissen doch, es stimmt nicht. Keiner – wirklich keiner – ist perfekt. Alle – und ich meine wirklich *alle* – haben Fehler. Bei jedem geht mal was daneben. Jede sagt mal etwas Dummes oder schreit ihr Kind an oder vergisst die quartalsmäßig fällige Steuervorauszahlung. Jede hat ihre kleinen Geheimnisse, die sie verschämt verschweigt, ob sie nun in Therapie ist oder bei Stress zu viel isst oder dass sie manchmal in der Firmentoilette leise weint.

Wir wissen, wieviel Energie und Anstrengung es kostet, diese Illusion der Perfektion aufrechtzuerhalten – und wie sinnlos dieser Kampf eigentlich ist. Es ist mutiger, andere unsere menschliche Seite sehen zu lassen: Wir mühen uns ab; wir machen Fehler; wir scheitern. Wie wäre es, wenn wir unsere Fassade fallen lassen und anderen erlauben, das Chaos dahinter zu sehen?

Zunächst einmal müssten wir dann nicht mehr mit diesem tonnenschweren Schutzpanzer herumlaufen. Es ist eine solche Erleichterung, einfach wahrhaftig zu sein. Denken Sie an die Beziehungen, die Ihnen Energie geben, die Ihnen Freude machen und die Sie inspirieren. Das sind die Beziehungen, in denen man sich gegenseitig keinen Blödsinn erzählt und sich nichts vormacht. Beziehungen, in denen keiner versucht, anders zu sein oder zu wirken, als er ist. Beziehungen, in denen keiner den anderen beeindrucken will, sondern jeder sich genauso lächerlich und menschlich zeigt, wie wir alle nun mal sind.

Wenn wir uns hinter die Kulissen schauen lassen, dann können sich auch die anderen entspannen und dasselbe tun. Eine Bekannte von mir gibt großartige Fundraising-Partys. Alles sieht immer makellos aus, von den Blumen über das Essen bis hin zu ihrer Frisur und dem Make-up. Aber wenn man ihr ein Kompliment macht und äußert, wie perfekt alles ist, lacht sie nur und erzählt, dass, kurz bevor die Gäste kamen, die Katze noch auf den

Teppich gekotzt hat und dass ihr Wahnsinnskleid nur geliehen ist. Sie ist absolut offen und schaut mit Humor auf die harte Arbeit, die es kostet, alles so großartig aussehen zu lassen. Genau diese Bescheidenheit, diese Echtheit ist es – nicht die hinreißende Deko oder das fantastische Essen oder das teure Porzellan –, die sie in meinen Augen zur perfekten Gastgeberin macht.

Sie müssen Ihre Fehler nicht verschämt verstecken – präsentieren Sie sie mit Stolz! Es ist mutig, etwas außerhalb der Komfortzone erreichen zu wollen, und noch mutiger, die Welt auch eine Bauchlandung sehen zu lassen (und ihr so zu erlauben, mit Ihnen zu leiden und zu lachen). Sie sollten unbedingt von Ihren Erfolgen erzählen, aber lassen Sie auch die peinlichen *Au-weia-* und *Oh-Scheiße*-Momente auf dem Weg dahin nicht aus. Erinnern Sie sich an den »Fail so Hard«-Hut in Kapitel drei, den die Mitarbeiter*innen von Danielle Weisberg und Carly Zakin bei ihren wöchentlichen Besprechungen aufsetzen können, um dann von ihrem konfusesten Moment der letzten Woche zu erzählen? Übernehmen Sie diese Tradition und machen Sie sie sich zu eigen. Meine Mitarbeiter*innen und ich wollen eine Bewegung daraus machen und posten jetzt #failurefriday-Momente in den sozialen Medien … machen Sie mit!

Atmen Sie tief durch und lassen Sie die anderen Ihr wahres Ich sehen. Es ist mutig, die eigene Verletzbarkeit zu zeigen, und denn Ihre Ehrlichkeit wird auch andere Frauen dazu inspirieren, sich offen und ehrlich zu zeigen.

Strategie: Unterstützen Sie die Sisterhood

Ich sage das ungern, aber es wird selten hässlicher, als wenn Frauen sich gegenseitig bekämpfen. Die Erfahrung, ja sogar Studien belegen es: Alle Frauen profitieren von einer Zusammenarbeit untereinander, aber dennoch wetteifern wir weiterhin wie Gladiatorinnen und machen uns gegenseitig nieder – meist hintenherum. Wir machen abfällige Bemerkungen, tratschen, taktieren und manipulieren. Es sind die vielen kleinen Seitenhiebe, das Geflüster auf der Damentoilette, passiv-aggressive E-Mails, zweifelhafte Komplimente, unverblümte Ablehnung und als »konstruktive Kritik« getarnte vernichtende Bemerkungen.

Ich erinnere mich noch genau an die Zeit, als der Film *Der Teufel trägt Prada* in die Kinos kam. So ziemlich jede Frau, die ich kannte, war schon einmal einer Miranda Priestly begegnet, die ihr auf die eine oder andere Weise das Leben zur Hölle gemacht hatte. Eine Freundin von mir hatte einen dieser begehrten Jobs als Assistentin bei einer Künstleragentur. Nicht nur einmal hat ihre frustrierte Chefin das Handy nach ihr geworfen. Eine andere arbeitete als Verkäuferin, sie war völlig baff und sprachlos, als sie von ihrer Chefin für einen Fehler zur Schnecke gemacht wurde, der ihrer Vorgesetzten selbst unterlaufen war. Ihre Chefin stauchte sie vor einem wichtigen Kunden zusammen, nur um ihren eigenen Hintern zu retten. Kein Wunder, dass die meisten Frauen lieber für einen Mann arbeiten als für eine andere Frau.

Es gibt viele Thesen dazu, warum Frauen sich gegenseitig behindern und das Leben schwer machen. Einige verweisen zu Recht auf die tatsächlich existierende Diskriminierung von Frauen in der Arbeitswelt. In unserer Kultur muss eine Frau doppelt so hart arbeiten, um die gleiche Anerkennung zu bekommen wie ein Mann (mit weniger als drei Viertel des Gehalts). Vielleicht bremsen wir uns also deshalb gegenseitig aus, weil jeder kleine Vorteil zählt. Vielleicht hat es mit dem Dilemma zu tun, dass wir einerseits durchsetzungsfähig und forsch sein müssen, um weiterzukommen, andererseits angefeindet und kritisiert werden, wenn wir so sind. Es gibt Stimmen, die behaupten, dass Frauen biologisch darauf programmiert sind, miteinander zu konkurrieren, genau wie zu Urzeiten, als die Zuwendung eines Alphamännchens – und der Schutz und die Versorgung, die damit einhergingen – höchste Priorität für das Überleben hatten.

Aber all diese Theorien beruhen auf der gleichen Wahrheit; wir haben Angst, dass eine andere uns überstrahlen, überbieten, übertreffen oder uns fertigmachen könnte, also schlagen wir als Erste zu. Aus Angst, dass man unsere eigene Mangelhaftigkeit bemerken könnte, richten wir besonders helle Scheinwerfer auf die Fehler der anderen. Wir haben Angst, anderen Frauen zu vertrauen und mit ihnen zusammenzuarbeiten, und deshalb kämpft jede weiterhin für sich. Wir fühlen uns verletzlich, und deshalb teilen wir aus, beleidigen wir und machen einander das Leben schwer, wir tun also genau das, wovor wir am meisten Angst haben, dass andere Frauen es uns antun könnten.

Was, wenn wir mit einem anderen Blick darauf schauen würden? Wir könnten es doch als ein Zeichen von Stärke und nicht als Schwäche betrachten, wenn wir andere Frauen unterstützen. Wie wäre es, wenn wir uns weniger auf unsere Fehler konzentrieren und stattdessen unsere Fähigkeiten weiterentwickeln würden und andere Frauen dabei unterstützen, dies auch zu tun? Was, wenn wir uns von einer durchsetzungsstarken Frau nicht einschüchtern ließen und hinter ihrem Rücken lästern würden, sondern anderen davon erzählen würden, wie sehr wir sie bewundern? Was, wenn wir uns keine Sorgen darüber machen, dass es oben nicht genug Platz für alle gibt (und nebenbei gesagt, da ist genug Platz), sondern einer Kollegin oder Freundin helfen würden, es dorthin zu schaffen? Was, wenn wir uns gegenüber anderen Frauen nicht unterlegen fühlten, sondern uns stattdessen selbst versichern würden, dass wir genauso klug/begabt/

wertvoll sind und die andere darum bäten, mit uns zusammenzuarbeiten?

Großherzigkeit und Mut gehen Hand in Hand – vor allem wenn Frauen andere Frauen unterstützen. Wir wissen, dass unser Perfektionsdrang auch dazu führen kann, »die Beste« sein zu wollen. Es gehört also Mut dazu, Zeit und Energie dafür einzusetzen, andere Frauen zu unterstützen, denn damit verabschieden wir uns von dem Wunsch, besser sein zu wollen als die anderen. Und gleichzeitig erlebt eine andere Frau, was Frauensolidarität bedeuten kann.

Halten Sie Ausschau nach Gelegenheiten, eine andere Frau zu ermutigen, zu beraten, zu loben, zu fördern und zu unterstützen. Hier ein paar erste Ideen:

Geben Sie mit ihr an.
Immer wenn eine Freundin oder Kollegin etwas Tolles gemacht hat, seien Sie ihr Cheerleader und verbreiten Sie es. Wenn Ihre Assistentin die Abendschule abgeschlossen hat, posten Sie einen begeisterten Kommentar auf ihrer Facebookseite. Wenn eine Kollegin befördert wird, schicken Sie eine E-Mail herum und laden Sie alle zur Feier des Tages zu After-work-Drinks ein. Wenn eine Frau in Ihrer Branche einen Preis gewinnt, tweeten Sie eine Gratulation. Diese Art von Unterstützung ist ansteckend. Sie wird sich mehr und mehr verbreiten, im besten Falle, bis wir alle verstanden haben, dass wir zusammen das Mut-Team sind.

Erzählen Sie von Ihren Erfolgen.
Am schnellsten inspiriert man andere Frauen, indem man ihnen vormacht, was mutig zu sein bedeutet. Wenn Sie es an Ihnen erkennen können, dann können Sie es sich auch für sich selbst vorstellen. Also erzählen Sie Ihren Freundinnen, Familien und Kolle-

ginnen von Ihren mutigen Aktionen und machen Sie sie zu Ihren Cheerleadern.

Werden Sie Mut-Mentorin.

Wenn Sie mitbekommen, dass eine andere Frau Probleme hat, frei zu sprechen oder sich durchzusetzen, reichen Sie ihr die Hand und bieten Sie Ihre Hilfe an. Wenn sie vor einer Rede nervös ist, bieten Sie ihr an, sich die Aufzeichnungen anzusehen oder als Testpublikum zu fungieren. Wenn eine Freundin Ihnen erzählt, dass sie gerne Tanzunterricht nehmen möchte, aber Angst hat, sich lächerlich zu machen, bieten Sie an, mitzugehen und sich gemeinsam lächerlich zu machen. Oder wenn sie Ihnen erzählt, dass sie aus Angst einen wichtigen Arzttermin nicht vereinbart, nehmen Sie ihr das Versprechen ab, es heute zu tun und haken Sie nach.

Geben Sie ehrliches Feedback.

Wenn eine Frau Sie nach Ihrer Meinung fragt, seien Sie ehrlich. Erzählen Sie keine Notlügen, um die Gefühle der Frau zu schonen – das wird niemandem gerecht und hilft keinem weiter. Die Wahrheit muss nicht brutal sein: Seien Sie offen, gelassen, absolut ehrlich und respektvoll.

Nehmen Sie sie ernst.

Wenn eine andere Frau eine Frage hat oder Sie um Rat oder Tipps bittet, lassen Sie sie nicht auflaufen – vielleicht hat es sie sehr viel Überwindung gekostet, Sie überhaupt zu fragen. Egal ob Sie die Bitte angemessen finden oder nicht, gehen Sie nicht einfach darüber hinweg. Niemand von uns ist zu beschäftigt oder zu wichtig, um einer anderen Frau diesen Respekt zu verweigern.

Gründen Sie einen Mut-Klub.

Die zehnjährige Alice Tapper erdachte einen Aufnäher für Pfad-
finderinnen, um andere Mädchen zu ermutigen, sich in der Klasse zu melden. Laden Sie Frauen aus Ihrem Bekanntenkreis ein,
mit Ihnen zu-sammen eine Mut-Initiative zu gründen. Vereinba-
ren Sie, dass jede täglich eine mutige Tat vollbringen muss, und
richten Sie einen Chat ein, in dem davon berichtet wird.

Bringen Sie Menschen zusammen.

Kennen Sie jemanden, der Ihrer Kollegin bei ihrem Projekt helfen
könnte? Bringen Sie die beiden zusammen. Kennen Sie eine Untersuchung, die die Kollegin für ihre Arbeit gut gebrauchen könnte? Bieten Sie sie ihr an. Seien Sie großzügig mit Ihren Ressourcen
und Ihrem Netzwerk und geben Sie nicht nur weiter, was Sie wissen, sondern auch, wen Sie kennen. Die Cliquenwirtschaft der
Männer, das Old Boys Network, ermuntert sie dazu, mit ihren
Beziehungen großzügig umzugehen, und genau das sollten wir
auch tun.

10

Wie man eine dicke, fette Niederlage überlebt

Sie sind also richtig auf die Schnauze gefallen. Willkommen im Klub der Versager. In diesem Klub möchte niemand Mitglied sein, aber irgendwann bekommt jeder eine Einladung. Jede von uns wird früher oder später große Enttäuschungen erleben, ob man nun den Job verliert, ein Vorstellungsgespräch oder einen Vortrag in den Sand setzt, an der favorisierten Uni nicht angenommen wird oder eine Beziehung zu Ende geht, ein Deal nicht zustande kommt oder große Pläne sich zerschlagen.

Wenn es gerade passiert ist, glaubt man, dass man sich nie mehr davon erholen wird. Aber genau wie beim ersten großen Liebeskummer als Teenager, als man dachte, dass man ihn nie verwinden wird, irgendwie tut man es dann doch. Alles, was Sie heute tun, um Ihren Mut-Muskel zu trainieren, wird Ihnen irgendwann dabei helfen, eine Niederlage durchzustehen und sich davon wieder zu erholen. Die folgende Schritt-für-Schritt-Anleitung wird Ihnen dabei helfen, wenn die Dinge nicht ganz so laufen, wie Sie gehofft oder geplant hatten.

Erster Schritt: Geben Sie eine (kurze) Mitleidsparty

Am Tag, nachdem ich das Rennen um den Sitz im Kongress verloren hatte, erwachte ich morgens im Hotelzimmer, allein, noch immer im »Siegeskleid«, das Zimmer geschmückt für die geplante Freudenfeier. Trotz Kopfschmerzen und tonnenschwerem Herzen schaffte ich es irgendwie, aufzustehen und zurück in meine Wohnung zu fahren. Hier stieg ich sofort aus meinem zerknitterten Kleid, zog eine Jogginghose an und legte mich ins Bett. Da blieb ich dann ungefähr die nächsten drei Tage liegen und versorgte mein verwundetes Ego. Ab und zu aß ich ein bisschen Knäckebrot, trank eine Cola light und zappte durch die Fernsehprogramme. Ich fühlte mich absolut scheiße, und wahrscheinlich sah ich auch so aus.

Irgendwann stand ich auf, stellte den Fernseher aus und wusch meine Haare. Dann weinte ich noch einmal in Ruhe, machte mir einen starken Kaffee und rief endlich bei meinen Unterstützern und Geldgebern an, um ihnen zu danken – den Rest der Geschichte kennen Sie.

Wenn ich heute zurückschaue, dann bin ich überzeugt, dass diese Tage, an denen ich im Selbstmitleid badete, genauso wichtig waren für meine Erholung wie alle weiteren Schritte danach. Deshalb mein Rat: Gönnen Sie sich selbst eine Mitleidsparty. Gestehen Sie sich eine Zeit des Trauerns zu, in der Sie Ihren Verlust beweinen (bei großen schmerzhaften Niederlagen kalkuliere ich mit drei Tagen). Steigen Sie in Ihre bequemste Jogginghose, rufen Sie Ihre beste Freundin an, um mit ihr zu weinen oder zu fluchen, Koma-Glotzen Sie *The Crown*, öffnen Sie eine Flasche Wein, ziehen Sie sich eine große Portion Eis rein, direkt aus der Packung – was auch immer Ihr leibliches Wohl stärkt, tun Sie's.

Und dann, aber wirklich erst, wenn Sie wirklich bereit sind, stehen Sie auf, räumen Sie die Chipstüten weg und beginnen Sie mit dem zweiten Schritt.

Zweiter Schritt: Feiern Sie Ihre Niederlage

Die Welt der wissenschaftlichen Forschung und das Silicon Valley sind ohne Niederlagen nicht denkbar. Manchmal erbringen Studien und Versuche die erwünschten Ergebnisse, was Millionen Menschen hilft, Leben rettet und noch mehr Geld in die Kassen spült; meistens läuft es allerdings nicht so.

Trotzdem werden Niederlagen gefeiert. Warum? Der Direktor der Abteilung für Neurowissenschaften der Firma Merck erklärt das so: »Die Leistung besteht darin, eine Antwort gefunden zu haben. Das feiern wir.« Auch wenn es nicht die Antwort ist, auf die man gehofft hatte.

Im Jahr 2013 war man bei der Firma Biogen sehr optimistisch, ein neues Medikament zur Behandlung von ALS gefunden zu haben (amyotrophe Lateralsklerose, auch Lou -Gehrig-Syndrom genannt). Die ersten Testergebnisse waren vielversprechend – einer der seltenen Hoffnungsschimmer für Patienten mit dieser ausnahmslos tödlich verlaufenden Krankheit –, und man begann mit der letzten klinischen Studie. Patienten und Ärzte rund um den Globus beteten und hofften, dass dies der Durchbruch sein würde. Als die Studie nicht die erwarteten Ergebnisse brachte, brachen die enttäuschten Forscher in Tränen aus.

Dann gingen sie einen trinken.

Ich war natürlich nicht dabei, aber ich kann mir vorstellen, wie diese brillanten Männer und Frauen mit traurigem Herzen ihre Gläser erhoben, nicht nur, um ihre Niederlage zu bedauern, sondern auch, um die Erfolge zu feiern, die sie auf dem Weg dahin gehabt hatten. Ein Hoch auf dieses Team! Ich selbst weiß nur zu genau, wie wichtig solch ein Abschluss sein kann. Wir müssen die kleinen Erfolge feiern – auch angesichts der Niederlage –, denn das ermöglicht es uns, weiterzumachen und die Hoffnung nicht aufzugeben, dass wir dank unserer Anstrengungen irgendwann einen durchschlagenden Erfolg haben werden.

Ihr Scheitern bedeutet, dass Sie es versucht haben. Wenn Sie es versucht haben, sind Sie ein Risiko eingegangen. Sie haben ein Ziel gehabt, und Sie haben sich getraut, es zu verfolgen. Das ist verdammt mutig von Ihnen! Das müssen Sie in Ruhe würdigen. Feiern Sie die Tatsache, dass Sie jetzt ein Ergebnis haben, auch wenn es nicht das Ergebnis ist, auf das Sie gehofft hatten. Sie haben etwas bis zum Ende durchgezogen und können jetzt den nächsten Schritt tun.

Dritter Schritt: Schütteln Sie es ab (im wörtlichen Sinne)

Nachdem das Memo des Google-Mitarbeiters (inzwischen ehemaliger Mitarbeiter) James Damore geleakt worden war, in dem stand, dass Frauen aus biologischen Gründen nicht zu einer Karriere im IT-Bereich geeignet wären, gab es zahllose Reaktionen auf allen Kanälen. So wie andere Frauen in der Branche war auch ich empört, und meine Wut ergoss sich in einem Meinungskommentar für die *New York Times*, in dem ich das Memo Punkt für Punkt auseinandernahm. Die Redakteure waren begeistert von meinem Text, genauso wie ich, und planten ihn für Sonntag, den 13. August, ein.

Am Samstag, den 12. August, hörten wir voller Entsetzen davon, dass ein weißer Rassist in Charlottesville, North Carolina, sein Auto in eine Gruppe Demonstranten gesteuert und dabei eine Frau umgebracht und viele weitere verletzt hatte. Klar war, dass sich die Meinungsredaktion schnell (und zu Recht) der schwierigen Rassenproblematik in Amerika widmete und mein Text aus diesem Grund nicht erschien. Natürlich verstand ich das vollkommen – schließlich war ich genauso geschockt von den Ereignissen wie der Rest des Landes. Aber ich war auch enttäuscht, dass etwas, an dem ich so hart gearbeitet hatte und das mir so wichtig war, niemals erscheinen würde.

Einen halben Tag lang saß ich auf meinem Sofa und fühlte mich schlecht (eine kurze Mitleidsparty), aber dann stand ich auf, zog mir die Laufschuhe an und joggte eine Runde, um die Enttäuschung abzuschütteln.

Wenn ich sage: »Schütteln Sie es ab«, dann meine ich das also *wörtlich*. Schütteln Sie die Enttäuschung, die Scham oder das Bedauern ab, denn die kleben an Ihnen und hindern Sie daran, weiterzumachen. Untersuchungen belegen, dass körperliche Aktivität nach einem emotionalen Tiefschlag wichtig ist, denn sie bringt die Resilienz in Gang. Also, kommen Sie in Bewegung! Gehen Sie laufen oder machen Sie einen langen Spaziergang, ab ins Gym, machen Sie Yoga; noch besser, machen Sie es mit Freund*innen (starke soziale Bindungen sind ein weiterer Booster für Ihre Resilienz). Wenn Sie es mit Sport nicht so haben, machen Sie irgendetwas anderes, was Ihnen hilft, den Kopf frei zu kriegen und sich wieder gut zu fühlen. Nähen Sie etwas oder backen Sie. Lesen Sie ein inspirierendes Buch. Meditieren Sie. Verbringen Sie den Nachmittag mit Ihren Kindern im Park. Gehen Sie ins Museum, ins Kino, zu einem Konzert.

Wenn Sie das tun, wird dann alles plötzlich wieder gut? Nein, natürlich nicht. Aber es wird Sie aus dem Loch holen, in dem Sie sitzen. Es wird Ihre Batterien wieder aufladen und Ihnen Energie geben und Kraft, um mit dem vierten Schritt weiterzumachen.

Vierter Schritt: Überprüfen, neu bewerten, neu ausrichten

Jetzt geht's los. Jetzt machen Sie es wie Beyoncé und verwandeln die sprichwörtlichen Zitronen in Limonade.

Zuerst überprüfen. Ganz wichtig hierbei ist es, dass Sie den Ablauf der Sache möglichst neutral aufschreiben oder erzählen. Nennen Sie nur die objektiven Fakten, ohne Schuldzuweisungen, ohne Interpretationen – als wären Sie ein Journalist, der ganz objektiv berichtet. Fragen Sie sich:

- Was ist passiert?
- Wo, wann und wie ist es passiert?
- Wer war beteiligt?
- Was sind die (echten, tatsächlichen) Konsequenzen?
- Was muss geändert, repariert, wieder in Gang gesetzt werden?

Zweitens: neu bewerten. Dazu benötigt man, was Psychologen »kognitive Flexibilität« nennen, weniger hochgestochen ausgedrückt bedeutet es die Fähigkeit, eine Situation aus einem anderen Blickwinkel betrachten zu können. Die Psychologin Esther Perel nennt es »das Umdeuten der Geschichte«. Menschen legen sich sehr schnell auf eine bestimmte Sichtweise fest, die sie in Gedanken wieder und wieder durchspielen. Aber wenn wir an einer Schwarz-weiß-Version der Ereignisse festhalten – vor allem, wenn sie von Scham und Selbstzweifeln verzerrt ist –, sehen wir viele der Grauschattierungen nicht. Wir sollten deshalb versuchen, die Geschehnisse umzudeuten, indem wir einen Schritt zurücktreten und ein paar grundlegende Fragen stellen:

- Sie wissen, was danebengegangen ist. Aber wissen Sie auch, was geklappt hat?

- Sie haben nicht erreicht, was Sie erreichen wollten. Aber haben Sie stattdessen etwas anderes gelernt oder gewonnen?
- Sie haben sich sicher bereits genug über sich selbst geärgert, jetzt sollten Sie Mitleid mit sich haben und nachsichtig sein, so wie Sie es bei einem Freund auch wären. Welche klugen Schritte und Anstrengungen haben Sie unternommen und sollten Sie jetzt würdigen? Wer sich selbst vergeben will, muss sich auf das konzentrieren, was gut gelaufen ist, und sich in Erinnerung rufen, dass niemand – auch Sie nicht – perfekt ist.
- Sie sind am Boden, man hat sie hintergangen und zurückgewiesen; wer so denkt, nimmt sich jede Energie. Hören Sie auf mit Vorwürfen, übernehmen Sie Verantwortung und fragen Sie sich: Was hätten Sie besser machen können, und was werden Sie beim nächsten Mal anders machen?
- Fast alles ist zusammengebrochen. Aber was ist stehengeblieben? Was ist noch zu retten?
- Sie haben nicht bekommen, was Sie wollten. Aber hat das auch eine gute Seite?
- Das ist das Ende eines Kapitels, nicht das Ende des Buches. Was könnte in den nächsten Kapiteln stehen?

Zu guter Letzt: Richten Sie sich neu aus. Drei Faktoren, die uns erfahrungsgemäß dabei helfen, dass wir uns von Rückschlägen erholen, sind Zielgerichtetheit, Dankbarkeit und Uneigennützigkeit. Unser Ziel bekommen wir wieder in den Blick, in dem wir uns daran erinnern, warum wir uns dieser Herausforderung überhaupt gestellt haben. Als ich die Wahl verlor, versuchte ich mir ins Gedächtnis zu rufen, warum ich überhaupt kandidiert hatte. Das war der tief sitzende Wunsch gewesen, Dinge zu bewegen und so das Leben anderer zu verbessern. Ich richtete also meine Anstrengungen neu aus, so konnte ich immer noch etwas bewirken, nur eben auf andere Weise. Die Bestsellerautorin Elizabeth Gilbert erzählt in einem inspirierenden TED-Talk, wie sie sich davon erholte, dass ihr zweites Buch ein Misserfolg war. »Wie die Dinge ausgehen, das hat man nicht immer in der Hand, aber solange man weiß, wer man ist und wohin man will, wirft einen so schnell nichts aus der Bahn.« Elizabeth Gilbert will schreiben, das ist ihr Ziel, das treibt sie an. Welches Ziel motiviert Sie?

Auch Dankbarkeit hilft dabei, die Energie und Stimmung in eine gute Richtung zu lenken, denn man kann nicht gleichzeitig deprimiert und dankbar sein. Nachdem ihr Film *Menschenkind* so publikumswirksam gefloppt war, fiel Oprah Winfrey in eine Depression. Dankbarkeit gab ihr den Halt, um sich davon wieder zu erholen. »Damals begann ich damit, mich in Dankbarkeit zu üben«, sagte sie, »weil es fast unmöglich ist, in der Trauer zu verharren, wenn man sich darauf konzentriert, was man hat, und nicht darauf, was man nicht hat.«

Dankbarkeit übt man am besten, indem man täglich eine Liste macht. Ich habe vor über einem Jahr damit begonnen, und ich kann Ihnen versichern, seitdem starte ich ganz anders in den Tag. Schreiben Sie jeden Morgen oder jeden Abend drei Dinge auf, für die Sie sehr dankbar sind – ich meine *wirklich* dankbar. Es ist leicht, einen Haken hinter »meine Gesundheit, meine Familie, mein Job« zu setzen, und wenn diese drei Punkte ganz oben auf Ihrer Liste stehen, ist das natürlich großartig. Besser wäre es aber, wenn Sie noch ein bisschen tiefer gingen. Wofür genau sind Sie Ihrer Familie dankbar? (z. B. wie sie Sie zum Lachen bringt, ihre Unterstützung, dass abends jemand da ist, wenn Sie nach Hause kommen …) Welchen Aspekt Ihres Jobs schätzen Sie besonders? (dass die Arbeit befriedigend ist, Ihre Kolleg*innen, die kleine Kaffeepause …) Welche Erfahrung hat Sie positiv geprägt? (ein Buch, das Sie bereichert hat, ein Gespräch, gutes Essen, eine Reise …) Was schätzen Sie an Ihrer Gesundheit besonders? (dass Sie nicht krank oder verletzt sind, dass Sie körperlich in der Lage sind, das tun zu können, was Sie gerne tun möchten, dass Sie sich kräftig fühlen …) Was in Ihrem Leben hat für Sie besondere Bedeutung? (die bedingungslose Liebe Ihres Partners, die Unterstützung durch Ihre Freund*innen, Ihr schönes Zuhause …)

Nicht selten schreibe ich auch die Fehlgriffe und Rückschläge des Tages auf diese Liste, denn auch wenn ich sicher nicht besonders dankbar dafür bin, habe ich doch gelernt, dass sie alle mich schlussendlich zu dem Menschen machen, der ich bin und der ich sein werde. Diesen Rat habe ich von Ralph Waldo Emerson übernommen, der einmal gesagt hat »Machen Sie es sich zur Gewohnheit, alles Gute, was Ihnen widerfährt, anzuerkennen und mit Dankbarkeit durchs Leben zu gehen. Und weil alles in Ihrem Leben Ihrem Fortkommen dient, sollten Sie auch alle Dinge in Ihren Dank einbeziehen.«

Zu guter Letzt rettet Nächstenliebe uns auch vor negativen Denkfallen. Sie können den positiven Flow der Nächstenliebe auch spüren, ohne einen Haufen Geld zu spenden oder einer Tafel auszuhelfen. Es gibt genug Untersuchungen, die zeigen, dass sich jede Freundlichkeit und jeder Akt des Gebens auf die Gesundheit, Lebenserwartung, Lebensfreude und das gesamte Wohlbefinden auswirken. Nachdem Sie sich schon soviel Mühe damit gegeben haben, um das Mut-Team zu unterstützen, wie wäre es, wenn Sie sich jetzt für eine Frau in Ihrer Nähe einsetzen würden? Es ist doch nichts dagegen zu sagen, gleichzeitig die Frauenpower zu stärken und dadurch wieder auf die Beine zu kommen! Eine Kollegin arbeitet an einem großen Projekt – bieten Sie Ihre Hilfe an! Ein neues Kind an der Schule – laden Sie seine Mutter zum Kaffee ein. Schicken Sie einer Freundin, die Sie inspiriert oder unterstützt hat, einen persönlichen Dank. Besuchen Sie die ältere, alleinlebende Dame nebenan. Es ist wie mit der Nächstenliebe, auch durch Großherzigkeit verflüchtigen sich Bitterkeit, Scham und Enttäuschung, und die Stimmung steigt, während Sie gleichzeitig Hoffnung und Freude in das Leben eines anderen Menschen bringen – eine echte Win-win-Situation also für beide Seiten. Eine großzügige Geisteshaltung hilft uns dabei, uns auf unsere Ziele auszurichten und unsere Kräfte zu bündeln und so wieder in den Blick zu nehmen, was uns wichtig ist und was wir erreichen wollen.

Fünfter Schritt: Versuchen Sie es nochmals

Sie werden ins Straucheln geraten. Sie werden es richtig vermasseln. Es wird Rückschläge geben, Flops und Niederlagen. Und dennoch …

Jedes Mal, wenn Sie versagt haben, lernen Sie, wie man es nicht machen sollte.

Durch jedes Straucheln beweisen Sie sich, dass Sie die Balance wiederfinden werden.

Nach jedem Scheitern gibt es eine neue Chance.

Schlussendlich sind Ihre Niederlagen das Interessante an Ihnen. Sie machen Sie stärker, weiser, empathischer, wertvoller, echter. Hören Sie auf, von sich selbst Perfektion zu erwarten, und tragen Sie Ihre Niederlage wie einen Orden. Seien Sie stolz auf sie, und dann reißen Sie sich zusammen und probieren es noch einmal aufs Neue.

Ich will, dass alle Frauen, die dieses gnadenlose Perfect-Girl-Training hinter sich haben, wissen, dass Niederlagen uns nicht umbringen. Werden Sie Fehler machen, vielleicht sogar scheitern? Ganz sicher. Wird es Sie umbringen? Auf keinen Fall. Als eingefleischtes Mitglied des Mut-Teams kann kein Fehler und kein Rückschlag Sie mehr in die Knie zwingen. Jeder Rückschlag stählt unseren Mut-Muskel, wir trainieren ihn, indem wir einfach wieder aufstehen und es noch einmal angehen.

Wir sind sehr viele. Ich bin absolut davon überzeugt, dass wir, indem wir unseren Mut bei jeder sich bietenden Gelegenheit trainieren, eine große Bewegung von starken, fröhlichen, erfüllten und beeindruckenden Frauen werden, die die Welt verändern kann und verändern wird.

Geben Sie dem Perfect Girl also einen Abschiedskuss und fangen Sie an, mutig zu sein. Es liegt ganz in Ihrer Macht.

Dank

Dieses Buch kam durch die Unterstützung der Frauen in meiner Sisterhood zustande, sie sind meine tägliche Inspirationsquelle. Es begann mit den Mädchen bei Girls Who Code, die mich zu meinem TED-Talk inspirierten, und setzte sich fort mit den vielen Frauen, die so mutig waren, mir ihre größten Ängste und Träume anzuvertrauen. Ich danke meiner Schreibpartnerin Debra Goldstein. Dass wir diesen Weg gemeinsam gegangen sind, ist mit das Schönste an diesem Buch. Für mich als Autorin war es eine Freude, jemanden zu haben, mit dem ich zusammenarbeiten konnte – jemand, der mich angetrieben hat, tiefer zu graben. Das warst du für mich, Debra. Ich danke dir, dass du mir Mut gemacht hast, meine Wahrheit zu finden.

Danke an Richard Pine, meinen großartigen Agenten. Du hast mich ermuntert, dieses Buch zu schreiben, du hast an unsere Bewegung geglaubt, seit du mich beim TED-Talk auf der Bühne gesehen hast.

Dank an Eliza Rothstein und das tolle Team bei Inkwell. Ihr seid wie eine Familie für mich!

Dank an Tina Constable und an das großartige Team bei Crown. An Candice, eine Kollegin im Verlag, die *Mutig, nicht perfekt* zu einem Teil ihres Lebens gemacht hat: mit einem Brave, Not Perfect-Tattoo. Danke, dass du dieses Buch täglich bei dir trägst. Dank an meine Lektorin Talia Krohn, dein hervorragendes Lektorat und dein kluger Rat haben diesem Buch ins Leben geholfen.

Danke Charlotte Stone, dass du dieses Buch zu deinem Projekt gemacht und mir geholfen hast, die Mut-Bewegung zu gründen. Seit dem College hast du dich mit Leib und Seele dafür eingesetzt, dass der Weg in Führungspositionen für Frauen und Mädchen einfacher wird. Ich bin dankbar, dass wir diese Reise gemeinsam unternommen haben.

Danke, Priya Fielding-Singh, für deine Recherchen und deinen brillanten, analytischen Geist. Ich bin so dankbar für die Zeit und die Sorgfalt, die du diesem Buch gewidmet hast. Danke Sarah Beckoff für deine Ideen und deine Unterstützung. Dank an all die brillanten Denkerinnen, Autorinnen und Changemaker für ihre klugen Erkenntnisse und Geschichten: Dr. Catherine Steiner-Adair, Rachel Simmons, Dr. Andrew Shatte, Dr. Meredith Grossman, Adam Grant, Rha Goddess, Veronica Roth, Tiffany Dufu, Esther Perel, Bridget Moynahan, Danielle Weisberg und Carly Zakin.

Dank an die Kursleiter Debbie Hanney und Brad Brockmueller, eure Perspektive war ein wertvoller Beitrag zu diesem Buch.

Dank an all die Frauen und Mädchen, die an unseren Bravenot-Perfect-Fokusgruppen teilgenommen und uns ihre Geschichten erzählt haben. Nebenbei habe ich durch euch auch noch gelernt, dass eine Mischung aus Wein, Sushi und Pizza durchaus eine gute Grundlage für offene Gespräche und gemeinsames Lachen bietet.

Danke an meine Girls-Who-Code-Familie und -Freund*innen: Deborah Singer, Ben Yarrow, Trina DasGgupta, Rha Goddess, Tania Zaparaniuk, Ashley Gramby und Emily Schienvar.

An die männlichen Verbündeten in meinem Leben: meinen Mann Nihal, meinen Sohn Shaan und meinen Dad, ihr inspiriert mich, immer die mutigste Version meiner selbst zu sein. Und Dank an meine Schwester Keshma, meine Nichte Maya und an meine Mutter, ich danke euch, dass ich so viel von euch lernen durfte.

Quellen

Erster Teil: Wie Mädchen Perfektionismus antrainiert wird

1 Sugar and Spice and Everything Nice – brave kleine Mädchen

S. 30 – Erwartungshaltung: Sharon Begley, »Why Parents May Cause Gender Differences in Kids«, *Newsweek*, 2. September 2009:

http://www.newsweek.com/why-parents-may-cause-gender-differences-kids-79501

S. 44 – Frauen mit durchschnittlichen Zensuren: Claire Gorden, »Why Women Are Afraid of Failure«, *Elle*, 6. Juni 2016:

https://www.elle.com/life-love/a36828/why-women-are-afraid-of-failure/

S. 50 – Mansplaining und männliche Dominanz: Eddie Wrenn, »The Great Gender Debate: Men Will Dominate 75% of the Conversation During Conference Meetings, Study Suggests«, Daily Mail.com, 12. September 2012:

http://www.dailymail.co.uk/sciencetech/article-2205502/The-great-gender-debate-Men-dominate-75-conversation-conference-meetings-study-suggests.html

S. 51 – Wir unterschätzen unseren Beitrag: Michelle C. Haynes und Madeline E. Heilman, »It Had to Be You (Not Me)! Women's Attributional Rationalization of Their Contribution to

Successful Joint Work Outcomes«, *Personality and Psychology Bulletin*, 7. Mai 2013:

http://journals.sagepub.com/doi/full/10.1177/014616721
3486358

2 Der Perfektionskult

S. 56 – Das Gender-Marketing von Spielzeug: Elizabeth Sweet, »Toys Are More Divided by Gender Now Than They Were 50 Years Ago«, *The Atlantic*, 9. Dezember 2014:

https://www.theatlantic.com/business/archive/2014/12/
toys-are-more-divided-by-gender-now-than-they-were-50-
years-ago/383556/

S. 56 – Prinzessinnen: Sarah M. Coyne, et al., »Pretty as a Princess: Longitudinal Effects of Engagement with Disney Princesses on Gender Stereotypes, Body Esteem, and Prosocial Behavior in Children«, *Child Development*, June 18, 2016:

https://onlinelibrary.wiley.com/doi/abs/10.1111/cdev.12569

S. 60 – Kinderbücher: Donna Ferguson, »Must Monsters Always Be Male? Huge Gender Bias Revealed in Children's Books«, *The Guardian*, 20. Januar 2018:

https://www.theguardian.com/books/2018/jan/21/childrens-
books-sexism-monster-in-your-kids-book-is-male

3 Perfektion 3.0: Wenn das Perfect Girl erwachsen wird

S. 77 – Im Durchschnitt 127 Stunden: Martha De Lacey, »Women spend ALMOST A YEAR counting calories and worrying about their weight during lifetime ... but men aren't far behind!«, Daily Mail.com, 26. Juni 2013:

http://www.dailymail.co.uk/femail/article-2348972/Women-
spend-year-counting-calories-worrying-weight-lifetime—men-
arent-far-behind.html

S. 77 – Bericht der National Eating Disorders Association: UNC School of Medicine, »Statistics«, aufgerufen am 31. Mai 2018:

https://www.med.unc.edu/psych/eatingdisorders/Learn%20More/about-eating-disorders/statistics

S. 82 – Sinkender Glücksquotient: Ross Douthat, »Liberated and Unhappy«, *NYtimes.com*, 25. Mai 2009:

https://www.nytimes.com/2009/05/26/opinion/26douthat.html

S. 82 – Belastung durch Arbeit: Kelly Sakai, »Work Is Not to Blame for Women's Lack of Free Time; Time-pressure Is Often Selfimposed, According to Real Simple/Families and Work Institute Survey«, 11. Januar 2014:

https://www.familiesandwork.org

S. 92 – Psychologe Thomas Greenspan: Melissa Dahl, »The Alarming New Research on Perfectionism«, 30. September 2014:

https://www.thecut.com/2014/09/alarming-new-research-on-perfectionism.html

S. 95 – Frauen am Arbeitsplatz: McKinsey & Company, »Women in the Workplace«, September 2015:

https://www.mckinsey.com/featured-insights/gender-equality/women-in-the-workplace-2019

S. 98 – Jennifer Lawrence: Jennifer Lawrence, »Jennifer Lawrence: ›Why Do I Make Less Than My Male Co-Stars?‹«, 13. Oktober 2015:

https://www.lennyletter.com/story/jennifer-lawrence-why-do-i-make-less-than-my-male-costars

Zweiter Teil: Brave is the New Black – Mut ist angesagt

4 Eine neue Definition von Mut

S. 119 – Crowdfunding: PWC, »Women Outperform Men in

Seed Crowdfunding, According to Analysis by PwC and The Crowdfunding Centre«, 11. Juli 2017:

https://www.pwc.com/gx/en/news-room/press-releases/2017/women-outperform-men-in-seed-crowdfunding-according-to-analysis-by-pwc-and-the-crowdfunding-centre.html

Dritter Teil: Abschied vom Perfect Girl – der Weg zu mehr Mut

6 Mut als Denkmuster

S. 135 – Übermüdung: Rand Corporation, »Lack of Sleep Costing U.S. Economy Up to $411 Billion a Year«, 30. November 2016:

https://www.rand.org/news/press/2016/11/30.html

S. 138 – Nachtschlaf: ebd.

S. 138 – Die Kraft des »Noch nicht«: Carol Dweck, »The Power of Believing That You Can Improve«, TED Talk, November 2014:

https://www.ted.com/talks/carol_dweck_the_power_of_believing_that_you_can_improve

S. 146 – Alice Paul Tapper: Alice Paul Tapper, »I'm 10, and I Want Girls to Raise Their Hands«, *New York Times*, 31. Oktober 2017:

https://www.nytimes.com/2017/10/31/opinion/im-10-and-i-want-girls-to-raise-their-hands.html?_r=0

7 Hauptsache, Sie versuchen es!

S. 157 – Cecile Richards: Dayna Evans, »Cecile Richards: If You're Not Pissing People Off, You're Probably Not Doing Your Job«, *The Cut*, 19. Juli 2017:

https://www.thecut.com/2017/07/cecile-richards-planned-parenthood-interview-92y.html

S. 162 – Londoner Taxifahrer: Eleanor A. Maguire, Katherine Woollett und Hugo J. Spiers, »London Taxi Drivers and Bus Drivers: A Structural MRI and Neuropsychological Analysis«, *Hippocampus*, 5. Oktober 2006:

https://www.fil.ion.ucl.ac.uk/Maguire/Maguire2006.pdf

S. 162 – Die graue Substanz: David Marchese, et al., »Why You Suck at Stuff, and How to Get Better«, *The Cut*, 17. November 2016:

http://nymag.com/scienceofus/2016/11/why-you-suck-at-stuff-and-how-to-get-better.html

8 Schluss mit dem Bedürfnis, anderen zu gefallen

S. 173 – Helen Mirren: Michelle Lee, »Why Helen Mirren Wishes She'd Said ›Fuck Off‹ More as a Young Woman«, *Allure*, 14. August 2017:

https://www.allure.com/story/helen-mirren-cover-story-september-2017

S. 179 – Selbsteinschätzung: Daniel Ames und Abbie Wazlewek, »Pushing in the Dark: Causes and Consequences of Limited Self-Awareness for Interpersonal Assertiveness«, *Personality and Social Psychology Bulletin*, 28. Februar 2014:

http://www.columbia.edu/~da358/publications/Pushing_in_the_dark.pdf

S. 181 – Frauen ins Wort fallen: Susan Chira, »The Universal Phenomenon of Men Interrupting Women«, *New York Times*, 14. Juni 2017:

https://www.nytimes.com/2017/06/14/business/women-sexism-work-huffington-kamala-harris.html?_r=0

S. 182 – Chelsea Manning: Jennifer McDermott, »Chelsea Manning: ›I Believe I Did the Best I Could‹«, *Daily Herald*, 17. September 2017:

http://www.dailyherald.com/article/20170917/news/309179906

S. 183 – Taylor Swift: Christopher Rosa, »Taylor Swift's 10 Most Powerful Statements from Her Sexual Assault Trial Cross-Examination«, *Glamour*, 10. August 2017:

https://www.glamour.com/story/taylor-swift-sexual-assault-trial-cross-examination?mbid=social_facebook_fanpage

9 Jetzt ist das Mut-Team dran

S. 188 f. – Frauensolidarität: Olga Kahzan, »Why Do Women Bully Each Other at Work?«, *The Atlantic*, September 2017:

https://www.theatlantic.com/magazine/archive/2017/09/the-queen-bee-in-the-corner-office/534213/

10 Wie man eine dicke, fette Niederlage überlebt

S. 197 – Niederlagen feiern: Damian Garde, »How to Fail Well in Biotech: Shed a Tear, Grab a Trophy, and Move On«, STAT, 17. August 2016:

https://www.statnews.com/2016/08/17/biotech-drug-development-failure/

S. 199 – Abschütteln: Brian Iacoviello und Dennis Charney, »Psychosocial Facets of Resilience: Implications for Preventing Posttrauma Psychopathology, Treating Trauma Survivors, and Enhancing Community Resilience«, *European Journal of Psychotraumatology*, 1. Oktober 2014:

https://www.ncbi.nlm.nih.gov/pmc/articles/PMC4185137/

S. 202 – Elizabeth Gilbert: Elizabeth Gilbert, »Success, Failure, and the Drive to Keep Creating«, TED-Talk, März 2014:

https://www.ted.com/talks/elizabeth_gilbert_success_failure_and_the_drive_to_keep_creating#t-415147

S. 202 – Dankbarkeit: J. Vieselmeyer, J. Holguin und A. Mezulis, »The Role of Resilience and Gratitude in Posttraumatic Stress and Growth Following a Campus Shooting«, 9. Januar 2017:

https://www.ncbi.nlm.nih.gov/pubmed/27548470

S. 202 – Oprah Winfrey: Jonathan Van Meter, »Oprah Is on a Roll (Again)«, *Vogue*, 15. August 2017:

https://www.vogue.com/article/oprah-winfrey-vogue-september-issue-2017

S. 203 – Nächstenliebe: Stephen G. Post, »Altruism, Happiness, and Health: It's Good to Be Good«, *International Journal of Behavioral Medicine*, 2005:

https://greatergood.berkeley.edu/images/uploads/Post-AltruismHappinessHealth.pdf

S. 204 – Großzügigkeit: Alex Dixon, »Kindness Makes You Happy … and Happiness Makes You Kind«, *Greater Good Magazine*, 6. September 2011:

https://greatergood.berkeley.edu/article/item/kindness_makes_you_happy_and_happiness_makes_you_kind

Diskussionsvorschläge

1 Welcher Gedanke in *Mutig, nicht perfekt* war für Sie besonders anregend? Haben Sie sich in manchen Geschichten wiedererkannt?

2 Setzen Sie sich manchmal zu sehr unter Druck? Um bei der Arbeit besonders gut dazustehen? Um als Mutter perfekt zu sein? Um immer nett und freundlich zu sein? Glauben Sie, dass dieser Druck Ihnen schadet?

3 Fühlt es sich manchmal so an, als lebten Sie ein Leben, das andere von Ihnen erwarten, und weniger das, das Sie selbst gerne führen würden? Wenn Sie ändern könnten, was Sie wollten, ohne Angst haben zu müssen, andere zu enttäuschen, was wäre das?

4 In ihrer Einleitung erzählt die Autorin, dass sie mit ihrer Kandidatur für den Kongress zum ersten Mal etwas gewagt hatte, von dem sie nicht sicher gewesen war, ob es ihr gelingen würde. Gibt es Herausforderungen oder Jobs, denen Sie sich nicht gestellt haben, weil Sie Angst hatten, dass Sie scheitern oder sich lächerlich machen könnten – oder weil sie zu sehr jenseits Ihrer Komfortzone waren?

5 Befürchten Sie manchmal, dass Sie zu aggressiv wirken oder dass die Kolleg*innen Sie nicht mögen könnten? Glauben Sie, dass Männer sich an Ihrer Stelle die gleichen Sorgen machen würden? Woher wissen Sie das?

6 Die Autorin schreibt: »Das Trugbild der absoluten Perfektion

wird vermutlich am stärksten durch soziale Medien transportiert.« Fühlen Sie sich minderwertig, wenn Sie Fotos von »perfekten« Familien sehen oder von »perfekten« Urlauben oder einem »perfekten« Leben? Posten Sie niemals etwas, das unter diesen Ansprüchen bleibt, aus Angst, was andere über Sie denken könnten? Und, falls Sie eine Tochter haben: geht sie mit den sozialen Medien genauso um?

7 In diesem Buch spricht die Autorin davon, dass wir Frauen dazu neigen, unser Äußeres wie eine Art Rüstung zu tragen. Glauben Sie manchmal, dass die Leute Sie nicht verurteilen können, wenn Sie wie aus dem Ei gepellt aussehen – schlank, perfektes Make-up, die Haare tipptopp? Gibt Ihnen das irgendwie ein Gefühl der »Sicherheit«?

8 Das Buch entzaubert den Mythos, dass Perfektion und Höchstleistung dasselbe sind. Selbst wenn wir wissen, dass wir herausragend sein können, ohne perfekt zu sein, ist es oft ein schmaler Grat. Wo verläuft dieser Grat für Sie?

9 Falls Sie einen Sohn und eine Tochter haben, fällt Ihnen manchmal auf, dass Sie die beiden ungewollt unterschiedlich behandeln, wenn es um Perfektion und Mut geht?

10 Falls Sie Töchter haben, inwiefern sind Sie ein mutiges Vorbild sie? Wie zeigen Sie ihnen, dass eine Niederlage auch mal dazugehört?

11 Zählen Sie, wie oft am Tag Sie sich entschuldigen. Versuchen Sie, einen Tag ohne Entschuldigung durchzuhalten. Wie fühlt sich das an?

12 Haben sich Ihre Gedanken jemals im Kreis gedreht bei der Überlegung, ob Sie jemanden beleidigt oder etwas Falsches gesagt haben könnten? Was würde im schlimmsten Fall passieren, selbst wenn das so wäre?

13 Im 6. Kapitel spricht die Autorin davon, dass man seine »Klip-

pe« finden muss, diese eine Sache, vor der wir uns am meisten fürchten. Was ist Ihre »Klippe«? Und würde Ihr Leben besser, wenn Sie sich dieser Angst stellen würden?

14 Im zweiten Teil des Buches geht es um die Geschichte von mutigen Frauen aller Altersgruppen, die diese Welt mit ihren mutigen Taten verändern. Wir brauchen mehr von diesen (lebensnahen) mutigen Vorbildern. Wer ist das für Sie?

15 Im 7. Kapitel erklärt die Autorin, dass es wichtig ist, Dinge einfach mal zu versuchen, weil das unsere Widerstandskräfte stärkt. Was könnten Sie heute versuchen? (Auch wenn Sie vielleicht damit scheitern?)

16 Im letzten Teil des Buches spricht die Autorin davon, wie wichtig es ist, dass Frauen zusammenhalten. Sie nennt es das Mut-Team. Wie könnten Sie morgen eine andere Frau beim Mut zeigen unterstützen?

17 Wie werden Sie die Erkenntnisse und Tipps aus diesem Buch umsetzen, um mit Ihrem mutigen, nicht perfekten Leben zu beginnen?

Wollen Sie mit Ihrem *Mutig, nicht perfekt*-Leben beginnen? Stellen Sie sich der Mutig-nicht-perfekt-Herausforderung.

Besuchen Sie www.reshmasaujani.com

»Der Mann ist das Maß aller Dinge. Wer's nicht
glauben kann sollte das angemessen wütende und
herrlich humorvolle Buch von Rebekka Endler lesen.«
BARBARA KNOPF, BAYERISCHER RUNDFUNK KULTUR

336 Seiten / Auch als eBook

Für wen sind Medikamente, Fußballschuhe, Pornos, Überraschungs-
eier oder Bohrmaschinen gemacht? Rebekka Endler öffnet uns die
Augen für das am Mann ausgerichtete Design, das uns überall umgibt.
Und sie zeigt, welche mitunter lebensgefährlichen Folgen es für
Frauen hat.

www.dumont-buchverlag.de